CAMPING & OUTDOOR RECIPE

決定版

キャンプレシピ大全

ソトレシピ 編

新星出版社

HAVE A
DELICIOUS CAMP!

はじめに

こんにちは。

『決定版 キャンプレシピ大全』を手にとってくださり、ありがとうございます。「HAVE A DELICIOUS CAMP！」をテーマに掲げ、ウェブサイトやSNS、YouTubeチャンネルなどを通して、キャンプやアウトドアシーンでごはんを作って楽しむための情報をお届けしています。

慣れない自然の中で料理をするのは、環境や勝手も違って難しいものです。しかし、野外で食べるごはんはとにかくおいしい！ 忙しい日々の生活では、先週何を食べたかさえ思い出せないこともありますが、キャンプで食べたごはんは何年経っても覚えているものではないでしょうか。キャンプでの最大の楽しみが「料理」という人も少なくありません。

不慣れな環境だからこそ、野外で料理をするときには適した道具を使いたいところです。ダッチオーブンやホットサンドメーカーなど、自宅のキッチンではあまり使うことのない道具を使うのも、普段とはちがう新鮮味がありますよ。BBQや焚き火で調理ができるのもキャンプならではの醍醐味です。

本書では、調理道具やシーンごとに250を超えるレシピを紹介しています。ぜひお持ちのキャンプ道具に合った料理を選んでいただければと思います。フライパンや鍋など、キッチンにあるいつもの道具で作れるものや、自宅で手軽に試せるものもたくさんありますので、日々の献立を考えるうえでも参考にしていただければ幸いです。

それでは、楽しくておいしいキャンプレシピをご堪能ください！

ソトレシピ編集部

外でごはんを食べるシチュエーションはキャンプ以外に
もさまざまあります。公園でのピクニック、キャンプ場
でのデイキャンプもあるでしょう。仲間と集まっての
BBQもいいですね。ハイキングや登山でも簡単な調理
ができると熱々のごはんが食べられます。例えば自宅の
ベランダで食べるだけでも、ちょっとした非日常感を味
わえるものです。外で食べるごはんがおいしく感じられ
るのは、この"非日常感"がスパイスとして加わっている
からでしょう。さまざまなシチュエーションで普段とは
ひと味違うおいしいごはんを楽しんでみてください！

CONTENTS

 ソトレシピおすすめ！

王道レシピ

 PART 1
CAMP COOKING BASICS

キャンプ料理の基本

 **PART 2**
FRYING PAN & SKILLET

フライパン・スキレット

PART 3
DUTCH OVEN & POT
ダッチオーブン・鍋

CONTENTS

PART 4
BBQ GRILL

BBQグリル

PART 5
BONFIRE

焚き火

PART 6
HOT SANDWICH MAKER
ホットサンドメーカー

CONTENTS

PART 7
SMOKER
スモーカー

PART 8
APPETIZER & SOLO CAMP
おつまみ&ソロキャンプ

※大さじ1は15mℓ、小さじ1は5mℓ
です。「少々」「適量」はお好みで
加減してください。

※本書ではチャックのついていな
い袋を「ポリ袋」、チャックつきの
袋を「密閉袋」と表記しています。

ポリ袋

密閉袋

※市販品については一部おすすめ
を紹介していますが、ない場合は
ほかのもので代用したり、アレン
ジを楽しんだりしてください。

※調理時間に下ごしらえや漬け込
み時間、蒸らし時間などが含まれ
ていません。

※ソトレシピのウェブサイトで掲
載されているレシピもあります
が、本書制作にあたって材料や表
記方法を変更しているものが一部
あります。

ソトレシピおすすめ！

王道レシピ

ローストチキンやパエリアなど、
アウトドアでこそトライしてみたい
王道レシピを紹介します。
手間と時間がかかるものもありますが、
キャンプでの料理は
作ることが遊びにもなります！

特製だれに絡める

絶品スペアリブ

(#骨つき肉) (#スキレット) (#簡単)

材料(2人分)
スペアリブ … 500g
砂糖 … 大さじ1
オリーブ油 … 大さじ1

A ┌ ケチャップ … 大さじ2
  │ マーマレード … 大さじ1
  └ こしょう … 適量
粒マスタード … 適量

作り方
1 スペアリブはスキレットに入れ、ひたひたになるくらいの水
  （分量外）と砂糖を加え、蓋をして肉が柔らかくなるまで20
  分程下茹でする。
2 茹であがったら湯を捨てて、スキレットにオリーブ油を熱
  し、強火でスペアリブを焼く。
3 焼き色がついたら、混ぜたAを加えて絡め、水気が飛んだ
  ら火を止める。
4 粒マスタードを添える。

1

シェフのひとこと
> スペアリブは、お箸が楽に刺さるくらいまで
> 柔らかく煮ると、食べやすいですよ。
> 焼くのは香ばしさを出すためだけなので、さっとでOK。

下茹ですることで
余分な脂が落ちて食べやすい！

パエリアを作るときは
だしの出る有頭エビがおすすめ

魚介の旨みをもれなくいただく！
エビとアサリのパエリア

(#魚介) (#パエリア) (#ごはん)

材料（2人分）
有頭エビ … 3尾
白身魚（切り身）… 1切れ
A ┌ にんにく（みじん切り）… 1片
　　玉ねぎ（みじん切り）… 1/2個
　└ セロリ（みじん切り）… 1/4本
トマト … 1個
オリーブ油 … 大さじ1
アサリ（砂抜き済）… 100g
白ワイン … 大さじ2
水 … 180ml
米（ジャスミンライス）… 200g
イタリアンパセリ、レモン … 適量

作り方
1 エビは背わたをとり、白身魚は食べやすい大きさに切って、塩をふる。トマトは皮をむいて潰す。
2 パエリアパン（26cm）にオリーブ油を熱し、Aを炒める。
3 火が通ったらエビ、アサリ、トマト、白ワイン、水を入れて煮込む。
4 エビとアサリに火が通ったら一度とり出す。米を入れてひと混ぜし、白身魚をのせて蓋をする。再沸騰したら弱火にして15分程炊く。
5 水分が飛んだら、火を止めてエビとアサリを戻し蓋を閉め10分蒸らす。イタリアンパセリとレモンを飾る。

1

4

シェフのひとこと 〉 エビは頭の部分を押し潰すと、みそが出てコクのある味に。蓋がないときはアルミホイルでしっかり覆って炊きましょう。

キャンプで作りたい
人気 No.1 レシピ

ダッチオーブンで豪快に焼きあげる
丸鶏のローストチキン

#鶏肉 #塊肉 #ダッチオーブン #ファミリーキャンプ

材料（4人分）
鶏肉 … 1羽
にんにく（すりおろし）… 2片
塩 … 適量
オリーブ油 … 小さじ1
A
　ごはん … 100g
　まいたけ（みじん切り）… 50g
　にんじん（みじん切り）… 1/4本
　セロリ（みじん切り）… 1/4本
　ミックスナッツ（みじん切り）… 30g
　レーズン … 30g
　カルダモンパウダー、クミンパウダー
　　　… 各小さじ1/4
　塩、こしょう … 適量
玉ねぎ … 2個
じゃがいも … 3個
ローズマリー … 適量

作り方
1 鶏肉はきれいにふき、にんにくと塩を表面にも中にもよくすり込む。
2 フライパンにオリーブ油を熱し、Aを炒める。
3 1の首のまわりを楊枝で止め、2を詰める。お尻も楊枝で止め、オリーブ油（分量外）を全体によくぬる。
4 ダッチオーブンに底網を敷いてよく熱しておき、お腹を上にして3を入れる。まわりに玉ねぎ、じゃがいも、ローズマリーを入れて蓋をする。蓋の上にも炭を置き、40〜50分焼く。途中、蓋を開けて鶏肉全体にオリーブ油（分量外）をぬる。

3

4

シェフのひとこと
オリーブ油をぬりながら焼くと、皮がパリッと仕あがります。慣れるとアレンジするのも楽しくなるので、フィリングや味つけを工夫して。

ダッチオーブンで
じっくり作りあげる

スパイスとお肉の織りなすだしが決め手

スパイスから作るココナッツカレー

(#骨つき肉) (#ダッチオーブン) (#スパイス) (#ファミリーキャンプ)

材料（2〜3人分）
鶏もも肉（骨つき） … 2本
オリーブ油 … 大さじ2
A ┌ カルダモン（ホール） … 1粒
　│ クローブ（ホール） … 2粒
　│ ローリエ … 1枚
　│ コリアンダーシード（ホール） … 5粒
　│ しょうが（すりおろし） … 15g
　└ にんにく（すりおろし） … 1片
玉ねぎ（みじん切り） … 1/2個
にんじん（みじん切り） … 1/2本
塩 … 小さじ2〜
トマト水煮缶 … 1缶（200g）
ココナッツミルク … 1缶（400g）
カレーパウダー … 大さじ1
マッシュルーム（薄切り） … 60g
こしょう … 適量
ごはん … 適量

作り方
1 鶏肉は食べやすい大きさに骨ごと切る。カルダモンは包丁で潰す。
2 ダッチオーブンにオリーブ油を熱し、Aを炒める。香りが立ってきたら、玉ねぎとにんじんを入れて炒める。
3 2に火が通ったら、塩（小さじ2）とトマト水煮缶を入れて煮詰める。水分が飛んできたら鶏肉、ココナッツミルク、カレーパウダーを加え、蓋をして20分程煮込む。
4 マッシュルームを入れて塩、こしょうで味を調える。蓋を開けて水分を飛ばしながら強火で5分程煮詰めたら火を止め、ごはんに盛る。

1

3

3

シェフのひとこと ｜ 骨つき肉は少し扱いづらいですが、お肉の旨味がよく出てくれるので、ぜひ試してみて。手羽元などで作ってもOK。

おすすめ！ **王道レシピ** 15 min

おろしソースが味の決め手！
和風ステーキ

(# 牛肉) (#BBQ) (# アルミホイル) (# ソロキャンプ)

材料（1人分）
牛ステーキ肉 … 200g
塩、こしょう … 適量

ソース
にんにく（すりおろし）… 1片
玉ねぎ（すりおろし）… 1/2個
しょうゆ、酒 … 大さじ2
こしょう … 適量

作り方
1 BBQ グリルにアルミホイルをかぶせ、網を温めておく。
2 常温に戻した牛肉に塩、こしょうをまぶす。グリルのアルミ
   ホイルを外して牛肉を両面焼く。
3 側面にもしっかり焼き色がついたら、アルミホイルに包む。
   3分程余熱で火を入れたら、食べやすい大きさに切る。
4 ソースの材料を混ぜてひと煮立ちさせ、**3**にかける。

2

3

シェフのひとこと > キャンプのときこそおいしいお肉で贅沢に。
お肉がくっつかないよう、しっかり網を温めてから
焼きましょう。

キャンプだからこそ
高級お肉をチョイス！

魚介の風味が食欲をそそる
桜エビの焼きそば

#豚肉 #魚介 #BBQ #麺類

材料（2人分）

豚バラ肉 … 150g	ごま油 … 大さじ1
キャベツ … 1/6個	桜エビ … 5g
にんじん … 1/2本	オイスターソース … 大さじ1/2
ニラ … 30g	ウスターソース … 大さじ1/2
中華麺 … 2袋	青のり、紅しょうが … 適量

作り方

1 豚肉とキャベツは一口大、にんじんは短冊切り、ニラは食べ
やすい長さに切る。

2 フライパンにごま油を熱し、桜エビを炒める。香りが出てき
たら、豚肉から順に1を加えて炒める。

3 中華麺をほぐしながら加え、ソースで味つけする。

4 青のりをふり、紅しょうがをのせる。

シェフのひとこと ｜ いつもの焼きそばも、オイスターソースと桜エビを
使うだけで、ひと味ちがういい香りに。

Ｗソースの濃厚なコクは
お酒との相性も抜群

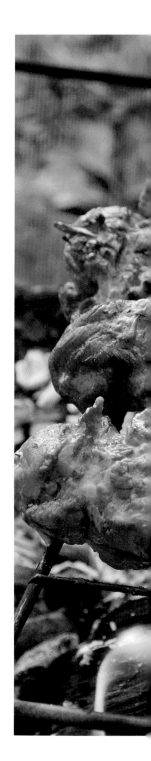

おすすめ！ **王道レシピ** 15 min

スモーキーな串焼きに仕あげる

焚き火ケバブ

(#牛肉) (#串) (#焚き火) (#簡単)

材料（作りやすい分量）
牛もも肉（薄切り）… 600g

A
- にんにく（すりおろし）… 1片
- レモン汁 … 大さじ1
- しょうゆ … 小さじ2
- ナツメグ、塩、こしょう … 適量

作り方
〈仕込み〉
牛肉とAをポリ袋に入れてなじませ、半日〜1日置く。
〈現地調理〉
1 金串に肉を刺し、隙間があかないように密着させて
　焼く。

（仕込み）

1

シェフのひとこと ぎゅうぎゅうに詰めて刺すのがポイントですが、
その分中に火が通りにくいので、
表面が焼けたら、中の部分が赤くないか確かめて。

前日に準備しておけば
当日は焼くだけでOK

おすすめ！ **王道レシピ** 30 min

焚き火に放り込んでおくだけ
いろいろ焼きいも

#野菜 #焚き火 #アルミホイル

ハーブじゃがバター

材料（作りやすい分量）
じゃがいも … 1個
タイム … 適量
ベーコン … 2枚
バター … 適量
こしょう … 適量

作り方
1 じゃがいもは洗って切り込みを入れ、タイムとベーコンを挟んでアルミホイルに包む。
2 焚き火の遠火に1を入れて焼く。
3 じゃがいもに火が通ったらバターをのせ、こしょうをふる。

メープル焼きいも

材料（作りやすい分量）
さつまいも … 1本
A ┌ ヨーグルト（加糖）… 100g
　│ マヨネーズ … 大さじ1
　└ 塩、こしょう … 適量
ミックスナッツ（砕く）… 適量
メープルシロップ … 適量

作り方
1 さつまいもは洗って、濡らしたキッチンペーパーでくるんでからアルミホイルに包み、焚き火の遠火に入れて焼く。
2 Aをよく混ぜる。
3 1が焼けたら半分に切って2をのせ、ミックスナッツとメープルシロップをかける。

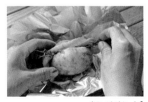

（じゃがバター）**1**

（焼きいも）**1**

シェフのひとこと ＞ 焚き火でいちばん簡単に作れる焼きいもをアレンジ。さつまいもをしっとり仕上げるには、濡れたキッチンペーパーで包むのがポイント。

ワンランク上の
じゃがバター & 焼きいも

30 min おすすめ！ 王道レシピ

お好みの味で極上朝ごはん

3種のホットサンド

#ホットサンドメーカー #朝ごはん #断面

チーズコンビーフサンド

材料（1人分）

食パン（8枚切り）… 2枚

A ┌ バター … 適量
  │ 粒マスタード … 適量
  └ こしょう … 適量

スライスチーズ … 1枚

コンビーフ … 1缶（80g）

ゆで卵 … 2個

作り方

1 食パン2枚の片面に混ぜ合わせたAをぬり、そちらを内側にしてホットサンドメーカーにセットする。

2 チーズ、コンビーフ、ゆで卵を挟み、片面3分ずつ焼く。

断面も映える
お手軽サンド

チーズコンビーフサンド

ザワークラウトツナサンド

材料（1人分）
カンパーニュ … 2枚
きゅうり … 1/2本
　┌ ザワークラウト … 10g
A　ツナ（缶詰）… 10g
　└ ハーブソルト … 適量
スライスチーズ … 2枚

作り方
1 きゅうりは千切りにする。Aを混ぜる。
2 カンパーニュにチーズと1を挟み、ホットサンドメーカーで片面3分ずつ焼く。

シナモンチョコバナナサンド

材料（1人分）
食パン（8枚切り）… 2枚
　┌ バター … 30g
A　砂糖 … 小さじ1
　└ シナモン … 適量
板チョコ … 1枚
バナナ … 1本

作り方
1 食パン2枚の片面に混ぜ合わせたAをぬり、そちらを内側にしてセットする。
2 板チョコとスライスしたバナナを挟み、片面3分ずつ焼く。

ザワークラウトの酸味とツナの相性にやみつき！

朝ごはんにもおやつにもなる！

ザワークラウトツナサンド

シナモンチョコバナナサンド

これぞアウトドアの醍醐味！

自家製ベーコン

(# 豚肉) (# 塊肉) (# 焚き火) (# 燻製)

材料（作りやすい分量）
豚バラ肉 … 500g
塩 … 大さじ1
A ┌ しょうゆ … 大さじ1
　│ 砂糖 … 小さじ1
　│ ローリエ … 1枚
　└ タイム（パウダー）… 適量

作り方
1 豚肉にフォークで穴を開け、塩をすり込む。キッチンペーパーに包んでしばらく置き、出てきた水分をしっかりふきとる。
2 密閉袋に1とAを入れ、一晩置く（時間外）。
3 水気をふきとり、少し干して乾かしてから、焚き火に吊るして6時間ほど燻す。

2

3

3

シェフのひとこと ｝ 時間はかかるけれど、一度はやってみたい焚き火料理。
燻しながら表面を少しずつカットして食べるのもオツ。

キャンプ料理の基本

野外で調理をすることは、
自宅のキッチンとは大違い。
まずはどんな準備と道具が必要なのか、
事前におさらいしておきましょう。
おすすめの道具も紹介していきます。

CAMP COOKING BASICS

キャンプ料理の基本道具

アウトドアでの調理や食事となると、どんな道具が必要か迷ってしまいますよね。アレもコレもと持っていったのに結局使わなかった、なんてことも。はじめのうちは正解が読めないものですが、準備のコツを解説します。

キャンプ用の調理道具は、軽量でコンパクトだったり、耐久性のある鉄やステンレスで作られていたり、外で使いやすいように考えられています。ただ、一度にすべて揃えようとするとお値段もなかなか……。はじめは自宅で使っているものを持っていき、徐々に揃えていくのがおすすめです。

フライパン

フラットなものより、鍋としても使える深型のほうが汎用性がある。ハンドルが収納できると、持ち運ぶときにかさばらない。

ダッチオーブン

焚き火や炭火でも使える鋳物鍋。カレーやローストチキンなどがおいしく仕あがり、パンも焼ける。2〜4人なら10インチを。

バーナー

お湯を沸かしたりちょっとした料理をしたりするのにちょうどよい。ボンベの上にゴトクがくる一体型より分離型がおすすめ。

BBQグリル

炭火や焚き火を入れるとBBQができる。蓋つきなら燻製料理も可能。サイズはさまざまあるので、人数に合わせて選ぼう。

クーラーボックス

冷蔵庫の役割となる必需品。ハードタイプのほうが保冷力は高い。最低でも6時間は保冷効果が続くよう保冷剤を入れて使うと安心。

包丁&まな板

包丁は、必ず鞘やケースにしまった状態で持っていくこと。まな板は、トレイ代わりにもなるので2枚持ちが便利。

CAMP COOKING BASICS

火器の種類と選び方

アウトドアで使用する火器には、バーナーやカセットコンロ、焚き火台などがあります。燃料ごとの特徴とあわせて理解し、使い分けるのがおすすめ。焚き火や炭火での調理はやや難しいので、慣れるまではカセットコンロなども持参して。

【 燃料の種類と特徴 】

	メリット	デメリット
ガス燃料	コンビニでも手に入り、補充に困らない。使い方がわかりやすい。バーナーやカセットコンロなどさまざまなアイテムに併用できる。	ガスだけの詰め替えができず、ボンベがかさばるため、荷物が増えてしまう。使える用具が限られる。
液体燃料	液体のみ詰め替えればよいのでかさばらず、荷物が軽量化できる。火力が安定していて、寒いところでも使用できる。	アウトドア用品の取り扱い店でないと、なかなか買えない。詰め替え時などは気をつけないと、液体漏れや引火の危険がある。
炭火・焚き火	焚き火自体がアウトドアでしかできない体験である。食材が燻され、普段の料理とは違った仕あがりになるのも◎。	火起こしや炭の処理など、初心者にはハードルが高いと感じることもある。火加減の調節が難しい。

COLUMN

電化製品も選択肢に

ポータブル電源を持参したり、電源サイトがあったりすれば、アウトドアでも電化製品を使うことができます。電気式グリルや炊飯器、充電式のクーラーボックスなどを使うと、慣れない野外でも、いつものように料理できるでしょう。手早く作らなくてはならないときや、初めてだから心配！ という人は、選択肢に入れてみてください。

アウトドアで使う主な火器

バーナー

ガスボンベを装着して使う。コンパクトに折りたためるので、場所をとらず軽量。カセットコンロのほかにひとつあると便利。

カセットコンロ

自宅でも使用でき、防災グッズにもなるので持っていたい。はじめてのときは、これさえあればアウトドア用の火器を揃えなくても◎。

アルコールストーブ

小さくて軽量なものが多く、荷物を増やしたくない人に向いている。火力も強く安定しているので、調理にも困らない。

固形燃料

燃え尽きたら自動的に火が消えるので、ほったらかし調理が可能。100円ショップでも手に入り、安価で使いやすい。

炭火

高温にできるので、オーブン料理に向いている。慣れてくると、安定した火加減で料理できる。火の起こし方は43ページを参照。

焚き火

火が大きくなりがちで加減が難しいが、炙ったり燻したりするアウトドアならではの料理が楽しめる。鑑賞用としても。

炭火の種類と扱い方

炭は、材木の種類や炭の作り方によって種類があり、特徴が違います。一般的には黒炭が手に入りやすく、アウトドア向きです。ほかにも火持ちのよいものやリーズナブルなものなどさまざまあるので、知っておくとよいでしょう。

【 炭の種類と特徴 】

	黒炭	白炭	オガ炭
火つき	◎	△	○
火持ち	△	◎	○
火力	◎	○	△
特徴	ホームセンターやキャンプ場でも手に入るオーソドックスな炭。ナラやクヌギ、マツなどを炭化させて作る。軽くて柔らかく形が整っている。火つきがよく火力も強いので、アウトドアでもっとも扱いやすい。	ナラや樫などの硬い木を1000度以上で焼いた炭のこと。火はつきにくいが煙が少なくて長持ちするため、料亭でも使われる。少量でも遠赤外線が多いので、七輪などでじっくり焼き物をするのに向いている。	木材加工のときに出るおがくずを再利用して作られた、コスパのよいエコな木炭。木材によって、火がつきにくく長持ちするタイプと、火がつきやすく燃焼時間が短いタイプがある。炭が少ないので片づけやすい。

着火の手順

着火が上手にできるようになると、一気にキャンプのハードルが下がります。
コツはむやみに触らないこと。手順にならってつけてみましょう。

1 網の上に着火剤を置き、炭で囲むように組む。着火剤に着火するときのために、1カ所は隙間をあけておく。

2 2段目、3段目も同じように組む。全体に酸素がいき渡るよう、炭と炭の間を詰めすぎず、空間をあける。

3 ライターなどで着火剤に火をつける。着火剤に火がつくと勢いよく燃えはじめるので、火傷に気をつけて。

4 着火剤が燃えていても、炭に火がつくまでには時間がかかるので、着火剤の火が炭にうつるまでは触らない。

5 着火剤の火が落ち着いてくる。炭が赤く燃えていたら着火できている証拠。ここまでは触らず待つこと。

6 炭の中がしっかりと赤くなっているのを確認する。火がついていたら、火床に炭をばらし、火加減を調整しよう。

CAMP COOKING BASICS

焚き火料理のメリットとコツ

焚き火での料理はなんといっても、アウトドアの醍醐味です。普段と同じレシピであっても、焚き火で作ると味わいがぜんぜん違いますよ。火加減が難しいので、はじめは煮込み料理やBBQから挑戦してみるとよいでしょう。

焚き火で焼くステーキは、ただ焼くだけでごちそうに！　火がぼうぼうと燃えていなくても高温なので、さっと炙るイメージで焼くとおいしくできます。

○ **赤外線効果でじっくり焼ける**	遠赤外線が食材の表面で熱になり、じっくり伝わって旨味を引き出す。外側はこんがり、中はジューシーに。
○ **気象条件に左右されにくい**	多少の風や小雨程度では、焚き火の火は消えにくい。風防を使えば火が流されるのを抑えることもできる。
○ **火加減を自在に操れる**	薪を増やせば強火になり、減らすと弱火になる。調理器具や食材の場所を変えれば温度調節できる。
○ **スモーキーな味わいを楽しめる**	煙の香りで燻製のような味わいに。肉や魚を焼くのはもちろん、お湯を沸かすだけでも風味が楽しめる。

焚き火調理のテクニック

焚き火は、慣れてくると効率よく料理ができるようになります。
つけるたびに違う趣を見せてくれるので、一期一会の味わいに出会えるのも
魅力のひとつです。

煙も調理に活用する

焚き火の上に塊肉を吊るして加熱すると、ベーコンを作ることができる。薄切り肉やソーセージ、魚を吊るして燻製にしてもおいしい。短時間で仕あがるものなら、串で回転させながら燻しても。煮込み料理や鍋も、蓋を開けて料理するとよりスモーキーな香りに仕あがる。

鉄製調理器具と相性がいい

鉄鍋や鉄製のフライパンは蓄熱性と熱伝導率が高く、頑丈なので焚き火調理に向いている。食材がくっつかないようにするためには、やはりメンテナンスが大切。油ならしをしっかりすることと、食材を入れる前にフライパンが熱くなるまで温めてから使う。

焚き火台の下で上火を使う

焚き火台の下は、火こそきていないけれど、遠赤外線が出ているので、オーブンのような調理ができる。焚き火台を風防で覆って焚き火付近の熱が逃げないようにし、台の下に食材を置くと、ピザも焼ける。灰が落ちないよう、食材にふんわりとアルミホイルをかけておくとよい。

複数の調理を同時にこなせる

焚き火は遠火でも十分に調理ができるので、ひとつの焚き火を効率よく使うと、燃料が無駄にならない。さっと炙りたいものや軽く焼きたいものは火の上に。スープを温めたり、食材の中までじっくり火を通したりしたいものは、遠火で調理するのがおすすめ。

CAMP COOKING BASICS

野外でごはんを炊くコツ

アウトドアでも炊き立てのほかほかごはんが食べられた
らしあわせですよね。時間と火力を間違えなければ、直
火でも簡単に炊飯できます。普通のお鍋や蓋つきのフラ
イパンでも炊けるので、チャレンジしてみてください。

炊き立ての白いごはんと合わせて食べたいアウトドア料理はたくさん。直火で
の炊き方を覚えておくと、防災時にも役立ちます。心配な人は一度家で練習を。

COLUMN

パックごはんの活用

電子レンジで温めるタイプのレトルトごはんや、
お湯や水を加えると食べられるアルファ化された
お米などをストックしておくと安心ですよ。はじ
めのうちは、あれこれ作ろうと意気込んでいっぱ
いいっぱいにならないよう、「おかずやスープを
作るなら、ごはんはレトルト」と割り切っても。

野外炊飯におすすめの道具

炊飯できる調理器具は、メスティンや飯盒だけではありません。蓋さえあれば、普段使っているお鍋でも、おいしく炊飯できます。炊き込みごはんもおすすめです。

メスティン

1～2人分のごはんなら、メスティン炊きが便利。熱伝導率の高いアルミ製なので、熱が均一に伝わり、ふっくらと炊きあがる。

ライスクッカー

炊飯専用のクッカー。ふちに高さがあるため、噴きこぼれなどでバーナーの火が消えない。吊り下げられるよう持ち手もついている。

飯盒

そら豆のような形をした、昔ながらの飯盒。焚き火など不安定な火力でも熱がしっかりまわるよう設計されているので、上手に炊ける。

ダッチオーブン

蓄熱性と保温性が高く、調理中の適温をキープしやすい。また、蓋が重くて圧力効果があるので、圧力釜で炊いたようにおいしく仕あがる。

焚き火で炊飯するコツ

火力が不安定な焚き火で炊飯するのは、かなり難易度が高いもの。「早めに沸騰させること」と、「沸騰したら12～15分弱火にすること」、「10分は蒸らす」の3つを守って炊いてみましょう。沸騰までが長かったり、沸騰後の火力が強かったりすると、水分ばかりが飛んでいき、硬い仕あがりになってしまいます。また、浸水時間と蒸らす時間をしっかりとることで、みずみずしく炊きあがります。

CAMP COOKING BASICS

クーラーボックスの使い方

クーラーボックスは、冷蔵庫や冷凍庫の代わりになり、生鮮食品の鮮度を保ってくれる大切な道具です。持っていても、内部がしっかり冷えていないと効果が薄まってしまうので、使い方には十分注意しましょう。

クーラーボックスの種類と選び方

クーラーボックスは、大きすぎても保冷効果が薄まってしまい、小さすぎると食材が入り切らないので、人数に合わせてちょうどよいサイズを選ぶのがポイントです。

ソフトタイプ

軽量で持ち運びやすく、使わないときはたためてコンパクト。保冷力は劣るが、荷物を軽量化したいならソフトタイプを選ぼう。

ハードタイプ

かさばるが、ソフトタイプよりも保冷効果が高い。衝撃に強いため、食材が潰されてしまうこともない。テーブルやイス代わりにもなる。

【 容量ごとの特徴 】

容量	用途例
5〜10L	ビールなど飲料を数本入れて使うのが便利。ソロキャンプやバイカー向け。
10〜20L	ソロキャンパーの飲み物と食材が一式入るサイズ。肉魚用にひとつあっても。
20〜30L	2人分くらいのサイズ。少人数のバーベキューやデイキャンプにもおすすめ。
40〜50L	1泊2日のキャンプで、家族4人で使うならこのサイズを選ぼう。

保冷力を下げない使い方

クーラーボックスといえど、使い方を間違えるとどんどん保冷力は下がってしまいます。
生鮮食品は早めに調理するようにしつつ、ポイントに沿って使ってみましょう。

○ **開け閉めの頻度を
少なくする**

何度も開閉したり、開けっぱなしの時間が続いたりすると、クーラーボックスの温度はどんどん上がってしまう。ものを出し入れするときはサッと開け閉めし、なるべく冷気を逃さないようにしよう。

○ **日陰で風通しのよい
場所に置く**

クーラーボックスは直射日光を当てないようにし、できるだけ涼しい場所に置く。また、クーラボックスが直接地面につかないよう、スタンドや台の上に置くと、底面が地熱で温まるのを防げる。

○ **保冷剤は
食材の上に置く**

冷気は上から下に流れていくので、保冷剤は必ずいちばん上に置いて使おう。ただし大型のものであれば、冷気が下まで届きにくいので、中間地点にも置くと安心。食材を凍らせて保冷剤代わりにしても。

○ **インナークーラーを
使う**

ソフトタイプのクーラーボックスをハードタイプのインナーに使うと、高い保冷力を維持できる。鮮度が落ちると不安なものやしっかり冷やしておきたいものは、インナークーラーに入れておく。

CAMP COOKING BASICS

キャンプでの献立の考え方

献立は前日までに考えて、下ごしらえは自宅でしてから
いくのが、キャンプ料理成功の秘訣です。じゃがいもや
玉ねぎなど、使い回しがきいて常温保存できる野菜や、
焼くだけで食べられる加工肉などが便利でしょう。

○ 献立は自宅で決めておく

だいたいの献立はあらかじめ決めておき、食材
もすべて準備してから当日を迎えよう。買い出
ししたときに、常温保存できるものと冷蔵する
ものに分けて袋に詰めると楽。

○ 買い出しは 当日よりも前日に

キャンプ場の近くにはスーパーがなかったり、朝
は営業していなかったりするので、買い出しは終
えておこう。食材の数が多くなり過ぎないよう、
ひとつの食材で2品以上作れると、買い物も楽。

○ キャンプ場でやることを 極力減らす

慣れていない場所での料理は、かなり時間がか
かるもの。水場が遠いと、洗い物ひとつも大
変。野菜の皮むきやカット、お肉の下味調理な
ど、下ごしらえが必要なものは、なるべく家で
済ませていこう。

○ 一期一会の出合いで 地産地消を楽しむ

道の駅や地元のスーパーなどがあれば、寄って
みよう。知らない食材や、食べたことのないも
のにも出合えるかもしれない。その地域らしい
食材があったら迷わず買って、食材との出合い
も楽しんで。

時間帯別のメニューの考え方

キャンプ場に着いてから翌朝まで、時間帯に分けて献立を考えていきましょう。
それぞれの時間帯でのポイントを知っておくと、考えやすいですよ！

昼 設営で大変なので
ランチは簡単に済ませる

キャンプ場に到着したら、テントの設営や寝床の
準備。焚き火台を組んだり、ランタンの設置をし
たり、やることは山積み。はじめてのキャンプで
は特に設営に時間がかかってしまうので、じっく
り料理している時間はない。お腹がすいた！ とな
ってすぐに食べられるレトルト食品や、インスタ
ントのもの、コンビニで買ったものなどがおすす
め。万が一料理に失敗したときのためにも、お湯
を沸かす程度でできるものを準備しておこう。

夜 キャンプならではの
料理を存分に楽しむ

設営が終われば、自由時間。焚き火をしながら、
ゆっくり時間を過ごすことができる。焚き火や炭
火を使った料理や、燻製、ダッチオーブンでの煮
込み料理など、普段自宅では作れないものを考え
てみよう。ソロ〜デュオなら、焚き火でステーキ
や海鮮を焼きながら飲みはじめつつ、ダッチオー
ブンで煮込み料理を作っても。ファミリーなら、
子どもと一緒にできる料理や、ローストチキンな
どに挑戦してみるのも、いい思い出になりそう。

朝 体が温まって
手軽なものを

キャンプ場の朝は、夏でも案外冷え込むもの。寒
い中で食べるので、パンなら火を入れてホットサ
ンドやフレンチトーストにしたり、スープや雑炊
などを作ったり、温かいものがおすすめ。前日の
夜に作った汁物を残しておいてリメイクするもよ
し、レトルトのカップスープを常備しておくな
ど、朝から料理しなくてもいいように考えるのも
ポイント。コーヒーや紅茶もストックして、温か
く過ごせるように考えて。

CAMP COOKING BASICS

食材・調味料の持ち込み方

食材はなるべく下ごしらえを済ませた状態に準備し、調味料はかさばらないようにパッキングするのがポイント。キャンプは荷物が多くなってしまうので、持ち込んだものが迷子にならないように上手に詰めていきましょう。

お米はあらかじめ測って密閉袋に。下味を漬けたお肉や、カットした野菜はそれぞれ密閉袋や保存容器に入れておこう。茹で卵も事前に茹でておく。

COLUMN

下味調理でおいしくなる

保存袋に肉や魚と調味料をあらかじめ入れて漬けておくと、味が染み込んでおいしくなります。BBQ用の肉も漬け込んでおけば、キャンプ場では出して焼くだけと手軽です。このまま冷凍してしまってもOK！ クーラーボックスの保冷剤代わりにもなり、鮮度が落ちる心配も少なくなります。

調味料の持ち込み方

調味料はあれこれ持ち込まず、必要な分だけ持っていくのがおすすめです。
とにかく全部持っていこう！ ではなく、使うものを決めてコンパクトに。

自宅の調味料を
そのまま持ち込む

はじめてのキャンプなら、わざわざキャンプ用に買い直さなくても、自宅で使っている調味料をそのままバッグに入れて持っていけば大丈夫。油やしょうゆなど、ボトルが大きいものだけは小さなタイプのものを買っても。使い慣れている調味料のほうが料理も手早くできる。ただし、使いかけのものはこぼれないようテープでとめるかラップをするなどの対策をして、立てて収納できるようなバッグに入れること。

小分けのボトルに
詰め替えて持ち込む

みりんやお酢など、容量の多いものは、小さなボトルへの詰め替えがおすすめ。同じサイズのボトルで揃えれば、収納するときにもスッキリ。ラベリングやボトル選びの楽しみもある。自宅の調味料を持ち出すと、キャンプから帰るたびにすべて戻すという手間が生まれるので、高頻繁で行く場合、詰め替えをするか、キャンプ用として新たに調味料を購入してしまっても。

万能調味料を活用して
持ち込む量を減らす

アウトドアメーカーや食品メーカーがアウトドア用にと開発しているスパイスは、1本あればさまざまな食材の味つけができるという優れもの。BBQのお肉にかけたり、スープの調味をしたり、どんな場面でもおいしく使うことができる。スパイスはこれ1本と決めればミニマムになるので、好みのスパイスを見つけてみるのも楽しい。写真は右が「バイきんぐ」の西村瑞樹さん監修の「バカまぶし」、左は宮崎県発祥の「マキシマム」。

野外でのキッチンセッティング

効率よく動けるよう、どこに何を置く
か導線を考えて設置してみましょう。
ポイントは、何がどこにあるかわかる
ように置いていくこと。ものが迷子に
なりやすいので、水場、火、冷蔵庫、
と3ゾーンに分けるのがおすすめです。

水回りは作業しやすく

使った水が流れていってしまわないよう、
受け皿を作ってジャグを設置しよう。水場
が遠いときのためにも欠かせないアイテム。

ゴミ箱は分別も意識して置く

ゴミ袋を直置きすると、あっという間に虫
が寄ってくるので注意。地域に合わせて分
別して、マナーあるキャンプをしよう。

火のそばは調理しやすく

調味料や調理器具はどこにあるかすぐわかるよう並べて配置すると、料理に手間どらない。暗くなってもものが探せるように。

風防をつけて火加減コントロール

カセットコンロは便利な反面、風に弱いので、アウトドアでは火力が不安定になりがち。風防でしっかり対策を。

吊るす収納でスペース活用

調理道具は、使わなくてもいったん棚に並べておく。カトラリーやシェラカップなど細かいものはなくならないよう、吊るすと便利。

調理の流れをイメージして配置

左から手洗い→クーラボックスから食材をとる→調理台で作業する（ゴミが出る）→調理して盛りつける、という順番をイメージしているので、食器やカトラリー類を入れたツールボックスを右に配置している。

FRYING PAN & SKILLET

フライパン・スキレット

使い慣れたフライパンなら野外での調理でも安心。
スキレットは手軽に入手できますし、
高い蓄熱性で外でも料理が冷めにくい利点が！
初心者でも挑戦しやすい、
フライパン・スキレットのレシピを紹介します。

─── FRYING PAN & SKILLET ───

フライパン・スキレットの基本

調理器具の大定番フライパンは、キャンプでも安心して使える道具です。最近ではスキレットを普段使いしている人も増えてきています。ここではあらためて、それぞれの野外での適した使い方を解説していきます。

─── **フライパンの特徴** ───

適した料理

【焼く、炒める】

CHECK
2

CHECK
1

フッ素加工やノンスティック加工など、焦げつきにくい表面加工されたものがおすすめ。

何でもこなせる万能調理器具

アウトドア用の調理道具には、携行性に優れたものが多い。多くのフライパンはハンドルを外せたり、折りたためたりするため、持ち運びしやすい。素材もさまざまで、丈夫さで選ぶならステンレス製だが、アルミやチタン製なら軽量で使いやすい。鉄製は重くてハンドルが外せないが、焚き火でお肉をおいしく焼くことができる。

CHECK **1**
1〜2人のキャンプなら直径は22〜23cmあれば十分。4人以上であれば25cm超のサイズが欲しい。

CHECK **2**
ハンドルは折りたたみ式が便利。サイズ違いのお皿などを重ねてコンパクトに持ち運べる。

COLUMN

蓋があると活躍の場が広がる

フライパンやスキレットに蓋があると、調理の幅が広がります。深めのフライパンなら煮込み料理もでき、その際の虫の侵入も防げます。また、スキレットの場合は蓋上に炭を置くなどの使い方もできます。蓋がない場合は、アルミホイルで代用することができます。

スキレットの特徴

適した料理

【焼く、煮る】

多様なサイズ展開も豊富なスキレット。ホームセンターなどでも手軽に購入できる。

CHECK **2**

CHECK **1**

強い火力で調理ができる！

フライパンと違って厚みがあるため、あおるというより置いたまま加熱調理するスキレット。焼く、炒めるなどもこなすが、アヒージョなどの煮込む調理が得意だ。厚みは蓄熱性の高さにもつながっており、調理後にそのままテーブルに持っていっても料理が冷めにくいことから、キャンプ向きでもある。

CHECK **1**
フライパンより厚みがあり蓄熱性が高いが重量もある。大きなサイズだと持ちあげるのも苦労する。

CHECK **2**
ハンドルも短いため、チャーハンのように焚き火の炎であおったりするような調理には不向き。

─── FRYING PAN & SKILLET ───

フライパン・スキレットの種類と選び方

フライパンやスキレットなどは自宅で使っているものを
そのまま使ってもいいですが、アウトドア用のものには
それなりのメリットがありますので、キャンプに適した
ポイントをおさえて好みのものを選んでみましょう。

─── **フライパンの種類** ───

アルミ製

ハンドルが折りたためることで、コンパクトに収納することができる軽量フライパン。ハンドルをしっかりロックできるものだと調理時も安心。深さが5cm以上あるものは簡単な煮込みや揚げ焼きなどにも対応してくれる。

鉄製

1枚の鉄板から打ち出し、ハンドルを接合した鉄製のフライパン。無骨でクラシックな見た目が美しい。ハンドルが長いものであれば焚き火で調理がしやすいが、持ち運びには不向き。運搬時の収納に工夫が必要となる。

鋳鉄製

アウトドアメーカー製のほか、ホームセンターなど量販店でも多く流通する鉄製のスキレット。焚き火にもかけられるし、そのまま食卓に供することもできる。自宅での普段使いもできるから買っておいて損はない。

ホーロー製

鉄製ほどではないが、ホーロー製も丈夫でキャンプ向き。カラーリングも豊富で、料理に合わせてチョイスすれば食卓を彩ってくれるだろう。お皿と同じように扱うことができるので、鉄製よりも洗い物での手間が少ない。

ハンドル着脱式

鉄製のスキレットのハンドルが外れるタイプ。そのため収納性が優れていて持ち運びしやすい。底面には焦げつきにくいドット加工が施されており、焼き物でも安心して調理できる。自宅でオーブン調理にも使える。

スパイシーなジャマイカ風チキンソテー

ジャークチキンソテー

15 min

(#鶏肉) (#スパイス) (#簡単) (#スピードメニュー)

材料（1人分）
鶏もも肉 … 1枚
ジャークチキンスパイス
　… 適量（全体になじむ量）
にんにく（薄切り） … 3枚

サニーレタス … 1枚
レモン（薄切り） … 1個
ミニトマト … 2個
オリーブ油 … 適量
塩、こしょう … 少々

作り方
1 鶏肉を広げ、包丁を入れながら厚みを揃える。
2 1の両面に塩、こしょうをし、ジャークチキンスパイスを全体にまんべんなくかける。
3 フライパンにオリーブ油を熱し、にんにくを炒めて香りが出たら鶏肉の皮目から焼く（蓋があれば蓋をし、表面をじっくりと焼く）。
4 火が通ったことを確認し、適当な大きさに切る。
5 皿にサニーレタスを敷き、鶏肉を並べてレモンとミニトマトをのせる。

3

シェフのひとこと ＞ お肉にしっかり火を通すため、蓋をするか、なければ弱火〜中火でじっくり焼きましょう。ジャークチキンスパイスには塩味がないものもあるので味つけを忘れずに！

レモンやライムを絞ると
味変を楽しめます

スパイスの風味で牛もつ肉
のくさみも気にならない！

 15 min

あとをひくおいしさ！
スパイシーホルモン

牛肉　# おつまみ
スパイス

材料（2〜3人分）
牛もつ肉 … 140g
┌ クミン … 適量
│ チリペッパー … 適量
A コリアンダー … 1束
│ 塩 … 小さじ1/2
└ にんにくチューブ … 小さじ1
サラダ油 … 適量

作り方
1 牛もつ肉とＡをポリ袋に入れ、よくもみ込む。
2 スキレットに油を熱し、1を炒めて十分に焼き色をつける。

シェフのひとこと 〉 コリアンダーを生のパクチーにすると、より本格的な味わいになるのでおすすめです。

スキレットなら
蓄熱性もあって便利

15
min

簡単なのにおしゃれで楽しい

チーズフォンデュ

#フォンデュ　#おつまみ

材料（2人分）
にんにく … 1片
ピザ用チーズ … 200g
片栗粉 … 小さじ1
白ワイン … 60mℓ

具材
ブロッコリー、じゃがいも、バ
ゲット、ソーセージ、ミニトマト
などお好みで。

作り方

1 ブロッコリーやじゃが
  いもは茹で、バゲット
  などは切っておく。

2 スキレットの内側にに
  んにくをこすって香り
  をつけ、白ワインを入
  れて火にかける。

3 チーズに片栗粉をまぶ
  してスキレットに加え、
  ヘラでよく混ぜる。

4 1を3につけていただく。

シェフのひとこと ＞ アルコールが苦手な人や子どもも一緒に食べるときは、白ワインの代わりに牛乳を。

缶詰の汁ごと使ってアサリの旨味を存分に活かして！

とんこつ味のインスタント麺で作れます！

10 min 缶詰で作る絶品スピードメニュー
アサリのリゾット

(#ごはん)(#ランチ)(#時短)

材料（2人分）
アサリ水煮缶　　　　にんにく（すりおろし）
　…1缶（125g）　　　…小さじ1
水 … 大さじ1　　　　塩、こしょう … 少々
オリーブ油　　　　　パルメザンチーズ
　… 大さじ1　　　　　… 大さじ3
ごはん … 130g　　　パセリ … 適量

作り方
1 スキレットを熱し、アサリ水煮缶（汁ごと）、水、オリーブ油、にんにくを入れ、ひと煮立ちさせる。
2 ごはんを加え、混ぜながら2〜3分煮る。
3 パルメザンチーズを入れ、塩、こしょうで味を調えてパセリをのせる。

---

15 min 簡単にできる博多屋台風
即席焼きラーメン

(#ランチ)(#麺類)(#インスタント)

材料（1人分）
豚細切れ肉 … 100g　　にんにくチューブ
インスタント麺　　　　… 適量
　（豚骨味）… 1袋　　ごま油 … 大さじ1
カット野菜 … 1/2袋　塩、こしょう、紅しょうが、
　　　　　　　　　　　小ねぎ … 適量

作り方
1 豚肉を食べやすい大きさに切る。
2 フライパンにごま油を熱し、にんにく、豚肉、野菜を入れて炒め、塩、こしょうで軽く味をつける。
3 麺を2分茹で、お湯を切り**2**に入れる。
4 付属の調味料を入れて混ぜ合わせる。紅しょうが、小ねぎをかける。

20
min

赤ワインと相性抜群の大人の味
チョコレートステーキ

(# 牛肉) (# チョコレート) (# ステーキ) (# 豪華)

材料
牛ステーキ肉 … 200g
塩、こしょう … 適量
オリーブ油 … 適量
ビターチョコレート … 25g
赤ワイン … 50g
ブルーベリージャム
　… 小さじ3

作り方
1 常温に戻した牛肉に、塩、こしょうとオ
　リーブ油をなじませておく。
2 赤ワインを沸騰させてアルコールを飛ばし、
　細かく割ったチョコレートを溶かす。
3 2にブルーベリージャムを加えてよく混ぜる。
4 フライパンを熱して1の両面を強火で30
　秒、弱火にして1分焼く。薄く切ったら2
　のソースを添える。

ソースにはお好みで
ブランデーを加えても◎

15
min

ナムルセットとビビンバの素で作る
お手軽ビビンバ

(# ファミリーキャンプ) (# 簡単)

材料（1人分）
牛細切れ肉 … 80g
焼肉のたれ … 大さじ2
ごはん … 1人前
ビビンバの素（市販）
　… 1袋
ナムルセット（市販）
　… 1パック
卵黄 … 1個

作り方
1 フライパンで牛肉を炒め、焼肉のたれで味
　をつけて一度とり出す。
2 フライパンにごはんを入れ、ビビンバの
　素に入っているたれを絡めながら炒める。
3 全体にたれが絡まったら形を整え、ナム
　ルセットと1をごはんの上に盛りつけ、
　中央に卵黄をのせる。

焚き火でアツアツにしながら
食べると、石焼きビビンバ風に！

バターとしょうゆの
ハーモニーが最高!!

ごはんもお酒もすすむ!

20 min

ガーリックステーキ

#豪華　#映え

#ファミリーキャンプ

材料 (2人分)
牛ステーキ肉 … 200g
塩、こしょう … 適量
サラダ油 … 小さじ1
オリーブ油 … 大さじ2
にんにくチューブ … 小さじ1
バター … 10g
しょうゆ … 大さじ1
つけ合わせ野菜 … お好みで

作り方
1 牛肉は常温に戻しておき、両面に塩、こしょうをふる。
2 スキレットまたはフライパンにサラダ油を熱し、**1**を焼く。お好みの焼き加減で一度とり出す。
3 牛肉を焼いたところに、バター、オリーブ油、にんにく、しょうゆを加えてソースを作る。
4 つけ合わせにお好みの野菜を焼き、牛肉にソースをかける。

シェフのひとこと 〉 ステーキを焼いた後の脂で作るソースは絶品です!

自宅で準備しておくと、味が染み込んでおいしいです

気分はハワイアン!

ガーリックシュリンプ

#魚介 #ハワイアン #スピードメニュー

材料（2人分）

エビ（殻つき）… 10尾

A
- オリーブ油 … 大さじ3
- にんにくチューブ … 大さじ1
- 玉ねぎ（みじん切り）… 1/4個
- 塩、こしょう … 適量

バター … 10g

白ワイン … 大さじ1

パセリ … 適量

レモン … 1/8個

片栗粉 … 適量（あれば）

作り方

〈仕込み〉

ボウルにエビと片栗粉を入れて全体を絡めるようによくもみ、汚れや臭みをとる（片栗粉がない場合は水でよく洗う）。キッチンバサミでエビの殻に切り込みを入れ、爪楊枝で背わたをとる。密閉袋に下処理を行ったエビとAを入れる。

〈現地調理〉

1 フライパンでバターを熱し、仕込んでおいたエビを入れて中火で焼く。焼き色がついたらひっくり返して裏面も焼く。

2 白ワインを加え水分を飛ばしたら、火を止める。パセリを散らし、レモンを絞る。

シェフのひとこと 冷凍エビを使用する場合は、半解凍の状態で背わたをとると簡単です。

フライパンで簡単に作れる
シェラカップライスバーガー

20 min

シェラカップ
ごはん　　# ランチ

材料（1人分）
豚バラ肉（薄切り）… 70g
ごはん … 200g
フリルレタス … 1枚
お好み焼きソース … 大さじ3
塩、こしょう … 少々
いりごま … 少々

作り方
1 ごはんとお好み焼きソース（大さじ1）を混ぜ合わせ、半量ずつシェラカップで丸く固める。フライパンで焼き色がつくまで焼く。
2 豚肉を炒めたら残りのお好み焼きソース（大さじ2）を入れ、塩、こしょうをふる。
3 1つのライスバンズにフリルレタス、2をのせていりごまをふりかけたら、もう1つで挟む。

> 調味料はソースだけなので、
> 味つけの失敗なし！

シェフのひとこと ＞ ボリューム感もあり、ランチにおすすめです。

和風だしでさっぱり仕あげる

ホタテと根菜のスープカレー

#ヘルシー
#カレー #和風

材料（2人分）

ホタテ … 2個／ごぼう … 1/2本／玉ねぎ（みじん切り）… 1/4個／にんじん（ざく切り）… 1/4本／大根（ざく切り）… 80g／かぶ（ざく切り）… 1/2個／れんこん（ざく切り）… 1個／ししとう … 2個／オリーブ油 … 大さじ4／にんにくチューブ … 2cm程／しょうがチューブ … 2cm程／カレー粉 … 大さじ1／トマトピューレ … 100g／和風顆粒だし … 3g／塩、こしょう … 適量／水 … 200g／ごはん … 2合

作り方

1 ごぼうをよく洗い4cm幅に切る。

2 スキレットにオリーブ油（大さじ2）を中火で熱し、にんじん、大根、かぶ、れんこん、ごぼう、ししとうを焼き、焼き色がついたら皿にとり出す。

3 スキレットにオリーブ油（大さじ2）を熱し、玉ねぎ、にんにく、しょうがを入れて弱火で炒め、玉ねぎが透明になったらカレー粉を加えて1分程炒める。

4 別の鍋に水、トマトピューレ、和風顆粒だし、**2**を加えて2〜3分煮る。

5 野菜に火が通ったら塩、こしょうで味を調える。

6 スキレットを熱し、ホタテを置き、水（分量外）を少し入れて蓋をして蒸し焼きにする。**5**とごはんを盛り、殻が開いたらホタテの身とししとうをのせる。

ホタテと根菜が和風だしとよく合い、どこか懐かしい味わいになります

シェフのひとこと 〉 ホタテの汁もスープカレーに入れると魚介の旨味が加わります。

唐辛子の量はお好みで調節を。
辛いのが苦手な方は控えめに

ロースの柔らかさと骨つ
き肉の旨味をチャーハン
にしていただく！

20 min

鬼のように辛い
鬼辛大豆カレー

#ランチ #カレー #簡単 #缶詰

材料（2人分）
豚ひき肉 … 100g
玉ねぎ … 1/2個
大豆（水煮）… 400g
トマト水煮缶 … 400g
カレールー（市販）
　… 1/4箱
唐辛子（粉）… 大さじ3
ごはん … 300g
サラダ油 … 大さじ1

作り方
1 玉ねぎをみじん切りにする。
2 フライパンに油を熱し、玉ねぎとひき肉を
　炒める。
3 ひき肉に火が通ったら弱火にし、トマトと
　カレールーを加え、混ぜながら1分程煮る。
4 カレールーが溶けたら、大豆と唐辛子を加
　えてさっと混ぜ、ごはんと一緒に盛る。

30 min

冷凍食品を大活用！
バックリブチャーハン

#時短 #骨つき肉 #冷凍食品

材料（3人分）
ポークバックリブ … 500g
BBQソース … 適量
ガーリックピラフ（冷凍）… 1袋

作り方
1 バックリブをフライパンに入る大きさに切
　り分ける。
2 1にBBQソースをぬりながら、じっくりフ
　ライパンで焼いてとり出す。
3 ガーリックピラフをフライパンで炒める。
4 3の上に焼いた2をのせる。

チーズタッカルビ

焼き鳥缶で作る簡単時短レシピ

20 min

#缶詰 #スピードメニュー

材料（2人分）
焼き鳥缶（たれ）… 3缶
コチュジャン … 大さじ2
水 … 大さじ1
ピザ用チーズ … 40g
パセリ … 適量

作り方
1 スキレットに焼き鳥缶をたれごと入れ、コチュジャン、水を加えて混ぜる。
2 チーズを全体にのせ、蓋をして火にかける。
3 チーズが溶けたら刻んだパセリをふる。

コチュジャンの量でお好みの辛さに調節してください

お好みで季節の野菜を追加して！

ココナッツカレー

キャンプでぱっと作れる

15 min

#鶏肉 #簡単

材料（2人分）
鶏もも肉 … 200g
ココナッツミルク … 165g
ミックスナッツ（砕く）… 50g
カレーフレーク … 50g
ごはん … 適量
パセリ（みじん切り）… 適量
オリーブ油 … 適量

作り方
1 フライパンに油を熱し、一口大の大きさに切った鶏肉を皮目を下にして焼く。
2 焼き色がついたらひっくり返し、ココナッツミルク、ミックスナッツを入れて煮る。
3 2にカレーフレークを入れ、好みの濃さになるまで水分を飛ばす。

4 ごはんと一緒に盛りつけ、パセリをふる。

15 min

チーズ&カレーの最強コンビ

焼きチーズカレーフォンデュ

#スキレット #カレー

#チーズ #簡単

材料（2人分）
レトルトカレー … 1袋
カマンベールチーズ … 1個
パセリ … 適量

具材
バゲット、ソーセージ、ベビーキャ
ロット、ブロッコリーなど。

作り方

1 鍋でベビーキャロットと、一口大に切ったブロッコ
リーを茹で、その後ソーセージも茹でる。バゲットは
一口大に切り、お好みで少し焼く。カマンベールチー
ズは表面に十字に切り込みを入れる。

2 スキレットにレトルトカレーを入れ、真ん中にカマン
ベールチーズを置き、弱火で温める。

3 カレーが温まりチーズが柔らかくなったら、チーズの
表面をガストーチで炙って溶かし、パセリをふる。

4 具材を串に刺し、**3**につけながらいただく。

丸ごとカマンベールチーズの
迫力に盛りあがること間違いなし！

シェフのひとこと ▷ 甘口カレーを使えばお子さんと一緒にも楽しめます。

かつおだしのパエリア

彩り鮮やかな和風パエリア

45 min

#ごはん #魚介 #豪快 #ファミリーキャンプ

材料（4人分）

- 有頭エビ（殻つき）… 4尾
- イカ … 200g（冷凍可）
- さやいんげん … 100g
- にんにく（みじん切り）… 1片
- 玉ねぎ（みじん切り）… 1/4個
- 赤パプリカ … 1/2個
- 米 … 2合
- 水 … 400㎖
- サフラン … 2つまみ
  （15分程水につけておく）
- 和風顆粒だし … 5g
- レモン … 1個

作り方

1 いんげんは筋をとり、5cm幅に斜め切りする。パプリカは縦1cm幅に切る。レモンはくし切りにする。
2 フライパンにオリーブ油を熱し、にんにくと玉ねぎを弱火で炒める。香りが出たらエビ、輪切りにしたイカを加えて中火で炒め、一度とり出す。
3 フライパンに米を入れて、弱火で1分炒める。
4 サフランをつけた水、和風顆粒だしを加えて軽く混ぜ合わせてひと煮立ちさせる。
5 沸騰したら弱火にし、エビ、イカを入れて蓋（またはアルミホイル）をして10分加熱する。
6 いんげん、パプリカを入れて再度蓋をして5分加熱する。
7 水気がなくなったら火を止めて15分蒸らす。
8 レモンをのせる。

魚介のダシが和風味にも合う！

シェフのひとこと　魚介の豊かな旨味を感じるパエリアは、和風の出汁ともよく合います。

味違いのコンビニチキンでも試す価値あり！

ホットスナックを大胆活用！

15 min

コンビニチキンカツ丼

(# コンビニ)　(# ごはん)

材料（2人分）
コンビニチキン … 2個　　卵 … 2個
玉ねぎ … 2個　　　　　　小ねぎ … 適量
めんつゆ(2倍) … 50mℓ　ごはん … 330g
水 … 50mℓ

作り方
1 チキンは1cm幅に切り、玉ねぎは薄切りにする。
2 スキレットに水とめんつゆ、玉ねぎを入れ、沸騰するまで煮込む。
3 2にチキンを入れ、卵を回しかける。
4 卵が好みの固さになったら、ごはんの上に盛りつけて小ねぎを散らす。

焚き火で作るときは牛肉をしっかり常温に戻し、全面を焼くことが大切

甘めの市販たれがイチオシ！

30 min

ローストビーフ丼

(# 牛肉)　(# 簡単)

材料（2人分）
牛ロース肉（ブロック） … 300〜500g
塩、こしょう … 適量
ステーキソース（市販） … 1個
ごはん … 250g
卵黄 … 1個
パセリ … 適宜

作り方
1 常温に戻した牛肉に、塩、こしょうで下味をつけ、フライパンで全面を焼く。
2 焼き色がついたら、熱が逃げないようアルミホイルに包み、10〜15分置いておく。

3 余熱で中まで火が通ったら、お好みの厚さに肉を切る。
4 フライパンの中央にごはんを盛り、囲うように肉をのせる。中央に卵黄を落とし、たれをかけお好みでパセリをふる。

しじみの旨味を凝縮！
しじみ貝のアヒージョ

(#チーズ) (#スピードメニュー)

余ったオリーブ油で
パスタやベーコンを
絡めてもおいしい！

材料（2人分）

しじみ（砂抜き済）　　アスパラガス（3等分）
　… 150g　　　　　　　… 4本
きのこ … 150g　　　　塩、こしょう … 適量
ミニトマト … 6個　　　唐辛子 … 1本
にんにく（薄切り）　　バター … 10g
　… 1個　　　　　　　パセリ … 適量
オリーブ油 … 100g　　バゲット … 適宜

作り方

1 スキレットにしじみ、お好みのきのこ類、ミ
　ニトマト、にんにく、アスパラガス、唐辛子
　を入れて熱し、オリーブ油を回し入れる。
2 オリーブ油がグツグツし、しじみが開いた
　らバターを加え、塩、こしょうで味を調え
　る。刻んだパセリをふる。

お好み具材をベーコンで巻いて
ベーコン巻き

(#簡単) (#おつまみ)

材料（1人分）

スライスベーコン　　　じゃがいも … 1/2個
　… 4枚　　　　　　　エリンギ … 1/2本
アスパラガス … 4本　　サラダ油 … 適量
さけるチーズ … 1本　　ブラックペッパー
　　　　　　　　　　　… 適量

作り方

1 アスパラガス、じゃがいもを茹でる。
2 1とエリンギをベーコンの幅に合わせてス
　ティック状に切る。
3 ベーコンで2とさけるチーズを巻いて爪楊
　枝などでとめる。
4 スキレットに油を熱し、3を焼く。チーズ
　が溶けてきたらブラックペッパーをふる。

チキンバインミー

60 min

ビールとの相性抜群！ ベトナム風サンドイッチ

エスニック
サンドイッチ # バゲット

材料（1人分）
鶏むね肉 … 100g
大根 … 2cm
にんじん … 1/4本
きゅうり … 10g
トマト（輪切り） … 2枚
バゲット … 15cm
マーガリン … 適量
┌ 酢 … 50mℓ
A 砂糖 … 大さじ1
└ 塩 … 少々
ナンプラー … 適量
パクチー … 適宜

作り方
〈仕込み〉
太めの千切りにした大根、にんじんとAをポリ袋でもんで漬け込む。
〈現地調達〉
1 鶏肉を茹で、細かくほぐす。そこに仕込んだ大根とにんじんを合わせ、ほぐした鶏肉にもみながら合わせる。
2 きゅうりを薄切りにする。

3 バゲットを横一文字に切り、スキレットで温める。
4 バゲットにマーガリンをぬり、1を敷き詰めてきゅうりとトマトを挟み、ナンプラーを適量かける。
5 お好みでパクチーを入れる。

シェフのひとこと 〉 お好みでチーズを挟んでもおいしいですよ！

30 min 悪魔的な誘惑が食欲をそそる
溶岩パスタ

（ #麺類 ）（ #大量チーズ ）

材料（2人分）
パスタソース
　… 200g
パスタ … 100g

水 … 適量
塩 … 水の量の1%程
ピザ用チーズ … 200g

作り方
1 スキレットにたっぷりのお湯を沸かし塩を入れ、パスタを茹でる。
2 規定の茹で時間の1分前になったら湯を少しだけ残して捨て、好みのパスタソースを入れて、加熱しながらパスタと混ぜる。
3 パスタとソースがよく混ざったら火を止め、パスタが見えなくなるまでたっぷりとチーズをのせ、蓋をする。
4 炭火の場合は蓋の上にも炭をのせて10分

これでもか！　とチーズをのせて作ってください

程焼き、チーズを溶かす（炭がない場合はバーナーでチーズを炙る）。

20 min ナッツが香ばしいデザートピザ
生クルミのピザ

（ #ピザ ）（ #スイーツ ）（ #ナッツ ）

材料（2人分）
生クルミ … 30g
モッツァレラチーズ
　… 70g
クリームチーズ … 30g

ハチミツ … 大さじ2
ピザ生地（市販）… 1枚
ブラックペッパー
　… 適宜

作り方
1 ピザ生地にクリームチーズをぬり、生クルミとモッツァレラチーズをのせる。
2 スキレットにクッキングシートを敷いてピザを入れ、蓋の上に炭をのせる。下からは弱火で10〜15分程加熱する。
3 ピザが焼けてチーズが溶けたらハチミツを全体にかける。お好みでブラックペッパーをかける。

チーズをブルーチーズにすると大人の味になります！

メスティンでも作れます！
その場合の水量はリベット※
あたりが目安です

キムチのピリ辛が、ちょうどいい。
おつまみにもなりますよ

15 min

フライパン1つで完結する
温玉ペペロン

#麺類　#生ハム　#簡単　#ワンパン

材料（2人分）

パスタ … 100g

水 … 適量

塩 … 少々

温泉卵 … 1個

生ハム … 4枚

ルッコラ … 適量

A┌ オリーブ油 … 大さじ2
　│ にんにくチューブ
　│ 　　 … 小さじ1
　│ ブラックペッパー
　└ 　　 … 少々

作り方

1 フライパンで水を沸かし、塩を入れてパスタを茹でる。

2 規定の茹で時間の1分前になったら湯を少しだけ残して捨て、Aを加えて加熱しながら絡ませる。

4 温泉卵、生ハム、ルッコラをのせる。

※リベット…メスティン内側の丸い止め金

25 min

キムチで作るナポリタン風簡単パスタ
キムリタン

#卵　#パスタ　#麺類　#ちょい辛

材料（2人分）

パスタ … 150g

卵 … 2個

A┌ 玉ねぎ … 大サイズ1/2個（薄切り）
　│ ベーコン … 約70g（約1cm幅）
　└ ピーマン … 1個（輪切り）

キムチ … 約70g

オリーブ油 … 大さじ2

塩 … 適量

B┌ こしょう … 適量
　└ パルメザンチーズ … 適量

作り方

1 フライパンにオリーブ油（大さじ1）を熱し、Aとキムチを順に炒め、塩で味を調え、火を止める。

2 パスタを茹で（水、塩分量外）、その間に目玉焼きを作る。1に大さじ2の茹汁を加え

て混ぜる。

3 湯切りしたパスタに残りのオリーブ油をなじませ、1と和える。

4 皿に盛ったら、目玉焼きをのせ、Bをふる。

10 min

ふわとろ卵とチーズがたまらない
スクランブルエッグ

(#卵)(#朝ごはん)(#チーズ)(#15分以内)

材料（2人分）

卵 … 4個　　　　　牛乳 … 大さじ1
トマト … 1/4個　　ピザ用チーズ … 30g
玉ねぎ … 1/8個　　塩、こしょう … 適量
ベーコン … 30g　　バター … 大さじ1

作り方

1 ボウルに卵を割り、牛乳、塩、こしょうを
　加える。
2 トマト、玉ねぎ、ベーコンをダイス状に切
　り、フライパンで炒める。塩、こしょうで
　味を調え、皿に盛る。
3 フライパンにバターを溶かして卵を入れ、
　弱火にして半生の状態で火を止め、チーズ
　を入れる。
4 フライパンの余熱で卵を混ぜ、チーズが溶
　けたら**2**のお皿に盛る。

お好みでケチャップをかけて
お召し上がりください

10 min

ごはんにのせて丼にしても！
お手軽バラ焼き

(#豚肉)(#簡単)

材料（1人分）

豚バラ肉 … 150g
玉ねぎ … 1/2個
A ┌ にんにく（すりおろし）
　└ … 小さじ1

A ┌ しょうが（すりおろし）
　│ … 小さじ1
　│ しょうゆ … 大さじ1
　└ みりん … 大さじ1
　　サラダ油 … 適量

作り方

1 豚肉は一口大に切り、玉ねぎは1cm幅の
　くし切りにする。
2 **A**を混ぜる。
3 フライパンに油を熱し**1**を炒め、豚肉に火
　が入ったら**2**を加えて玉ねぎがくたくたに
　なるまで炒める。

火を起こしながらその上で
作れちゃう簡単おつまみ

バターは焦げやすいので弱火でじ
っくり焼くのがポイントです

10 min

定番の酒蒸しをハーブでさっぱりと
アサリのバター蒸し

#魚介 #おつまみ #簡単

材料（4人分）

A
アサリ … お好みの量
酒 … アサリの1/10の量
タイム … 1枝
バター … 10g

作り方

1 スキレットにAを入れて火にかける。
2 アサリの上下が入れ替わるように時折軽く
ゆすってあげる。
3 アサリが開き、グツグツしてきたら完成。

10 min

バター、にんにく、塩辛が合う！
塩辛じゃがバター

#魚介 #おつまみ

材料（2人分）

じゃがいも … 1個   しょうゆ … 適量
バター … 適量   イカの塩辛 … お好みの量
にんにく … 1片

作り方

1 じゃがいもは皮ごと厚切りする。
2 スキレットにバター、潰したにんにくを入
れて中火にかけ、香りを出す。
3 弱火にした**2**にじゃがいもを入れ、焼き色
がついたらひっくり返して両面をカリカリ
に焼く。
4 バターと塩辛を加え、香りづけにしょうゆ
をたらす。

きれいな彩りで、
華やかなメニュー

30 min

グリルチキンにポテトサラダを合わせる！

チキンのトマトソースかけ

#鶏肉
#トマト #ポテサラ

材料（4人分）
鶏もも肉 … 2枚
ポテトサラダ（市販）
　　… 3パック（きゅうりなしが
　　　　おすすめ）
ピザ用チーズ … 適量
トマトソース（パスタ用）
　　… 1袋
サラダ油 … 少々
塩、こしょう … 適量
パセリ（みじん切り） … 少々

作り方
1 鶏肉を半分に切り、厚さを整える。
2 鶏肉に塩、こしょうをしっかりして、皮目ではないほうにポテトサラダをのせる。
3 スキレットにサラダ油を熱し、鶏の皮目を下にして強火で焼く。皮に焦げ目がついたらチーズをふりかけて、蓋をして弱火で20分熱する。
4 鶏肉に火が通ったらトマトソースとパセリをふる。

シェフのひとこと ＞ 市販のポテトサラダとトマトソースを使うから簡単にできます。

具だくさんがうれしい！
スパイシーチキンラップ

⏱ 12 min

#朝ごはん　#トルティーヤ
#ランチ　#スピードメニュー

材料（2人分）
鶏もも肉 … 1枚
トルティーヤ … 2枚
サラダ油 … 適量
にんじん、きゅうり … 各1/4個
サニーレタス … 1枚
トマト … 1/4個
塩、こしょう … 適量
ケイジャンスパイス
　… 適量（全体になじむ量）
マヨネーズ … 20g
ブラックペッパー … 少々
レモン（薄切り） … 適宜

作り方
1 にんじん、きゅうりは細切りにし、トマトは薄切りにする。
2 鶏肉の両面に塩、こしょうとケイジャンスパイスをまんべんなくふりかける。
3 フライパンにサラダ油を熱し、中火で皮目から鶏肉を焼き、蓋をして（なければアルミホイルをかぶせ）裏面も焼く。
4 トルティーヤにサニーレタス、1、5mm幅に切った鶏肉、マヨネーズ、ブラックペッパーをのせて包む。レモンを添える。

ワンハンドで食べやすい
ラップサンド

シェフのひとこと ＞ ケイジャンスパイスがない場合は、余った焼肉のたれでもおいしいですよ。

トマトの旨味が凝縮されたワンパンパスタ

30 min

暗殺者のパスタ

麺類　# ワンパン
簡単　# ソロキャンプ

材料（1人分）
トマトペースト … 大さじ1
水 … 800㎖
オリーブ油 … 大さじ3
にんにく（薄切り）… 1片
パスタ（早ゆでタイプ）… 100g
トマトピューレ … 100g
塩 … 小さじ1/2
粉チーズ … 適量
バジル … 適宜

作り方
1 水を沸騰させてトマトペーストと塩を溶かしておく。
2 フライパンにオリーブ油を熱し、薄切りしたにんにく
　を香りが出るまで炒める。
3 にんにくをとり出し、トマトピューレとパスタを入れ
　弱火で炒めていく。パスタはあまり動かさない。
4 パスタの片面に軽く焼き色がついたら、ひっくり返し
　て炒める。
5 パスタのもう片面にも焼き色がついたら、**1**をパスタ
　全体が浸かるくらい注ぎ、中火で煮込む。
6 水分がなくなったら、また**1**を加える。パスタが柔ら
　かくなるまで繰り返す。
7 にんにくを戻して粉チーズをふりかけ、バジルをのせる。

ワンパンでできて茹で汁が出ない
ので、キャンプ飯におすすめです

シェフのひとこと　お好みで鷹の爪を加えて、辛味を足してください。

ソースとごはんを分けて盛ってもかわいい一品！

パンに挟んでホットサンドメーカーで焼いても！

10 min

大人から子どもまでみんな大好き
チーズリゾット

#アレンジレシピ #チーズ #ごはん

材料（4人分）

カルボナーラのパスタ
ソース（市販）
　… 2袋（4人分）
玉ねぎ … 1個

ベーコン … 120g
ごはん … 2合
パルメザンチーズ、
黒こしょう、パセリ
　… 適宜

作り方

1 玉ねぎはみじん切りに、ベーコンは1cm
　幅に切る。
2 フライパンで1とごはんを炒める。
3 パスタソースを加え、水分がなくなるまで
　5分程炒める。
4 お好みでパルメザンチーズ、黒こしょう、
　パセリをふる。

※味が濃ければ水か牛乳を入れて調整してください。

---

15 min

絶品コク旨！
コンビーフポテサラ

#缶詰 #ポテサラ

材料（2人分）

コンビーフ … 1/2缶
じゃがいも … 3個
玉ねぎ（薄切り）
　… 1/4個

にんにく（すりおろし）
　… 適量
マヨネーズ … 大さじ2
サラダ油 … 適量
ブラックペッパー
　… 適量

作り方

1 じゃがいもを洗い皮をむき、下茹でをする。
2 スキレットに油を熱し、コンビーフ、玉ね
　ぎ、にんにくを炒める。
3 1と2、マヨネーズを合わせ、じゃがいも
　を潰しながら混ぜる。
4 ブラックペッパーをふる。

オイスターソースの効いた
甘味あるソースが、
野菜も春雨も優しく包み込みます

春雨でボリュームアップ！　がっつり系おかず
青椒肉絲春雨

#中華　#豚肉
#野菜　#簡単

材料（2人分）
豚細切れ肉 … 500g
ピーマン … 2個
パプリカ（赤・黄）… 各1/2個
たけのこ水煮（細切り）… 100g
春雨 … 30g

A
┌ オイスターソース … 大さじ2
│ 酒 … 大さじ2
│ みりん … 大さじ2
│ しょうゆ … 小さじ2
└ 砂糖 … 小さじ2

B
┌ しょうゆ … 小さじ2
│ 酒 … 小さじ2
└ 片栗粉 … 小さじ2

ごま油、塩、こしょう … 適量

作り方
〈仕込み〉
・豚肉をボウルに入れ、Aで下味をつける。
・ピーマン、パプリカの種とわたをとり除き、細切りにする。
・春雨を少し固めに2分程茹でる。時間が経ってもほぐれるようにごま油を絡めておく。

〈現地調理〉
1 フライパンにごま油を熱し、ピーマン、パプリカ、たけのこを炒める。艶が出たらとり出す。
2 フライパンにごま油を熱し、豚肉を炒める。1と春雨、Bを入れ、強火で炒める。
3 塩、こしょうで味を調える。

シェフのひとこと　春雨でかさ増しができるのでガッツリと食べたいときにぴったりです。

10 min

ニラたま海鮮焼きそば

#焼きそば

#簡単 #インスタント

材料（1人分）

焼きそば用乾麺
（粉末ソースつき）… 1袋（90g）

水 … 220㎖

玉ねぎ … 1/4個

ニラ … 2束

シーフードミックス … 40g

卵黄 … 1個

オイスターソース … 大さじ1

アウトドアスパイス … 少量

作り方

1 玉ねぎは薄切りに、ニラは3cm幅に切る。シーフードミックスは解凍して水気を切っておく。

2 フライパンで水を沸かし、玉ねぎと麺を入れ、30秒程で麺を裏返す。よく湯を吸わせ、柔らかくなってきたら麺をほぐす。

3 水分がなくなる手前でシーフードミックス、ニラ、付属の粉末ソースを加え、よく混ぜ合わせ、やや強火で炒める。

4 オイスターソースを加えて混ぜたら、卵黄をのせてアウトドアスパイスをふる。

シーフードミックスは塩水に浸して
解凍するとプリプリ食感になりますよ

シェフのひとこと ＞ 卵黄で味変を楽しみながら召しあがってください！

15 min

シャキシャキ食感がやみつき！

長ねぎラー油炒め

スキレット # おつまみ

材料（1人分）
ハム … 150〜200g
長ねぎ（白い部分） … 1本
エリンギ … 1パック
めんつゆ（3倍濃縮）
　 … 大さじ2
鶏ガラスープの素 … 小さじ1/2
にんにく（すりおろし）
　 … 小さじと1/2
ごま油 … 大さじ1
ラー油 … 小さじ2
ブラックペッパー … 小さじ1

作り方
1 長ねぎは4等分に切り、細切りにする。水にさらして
　 おき、水気を切る。エリンギは細切りにする。ハムは
　 2〜3cm幅に切る。
2 スキレットを熱し、エリンギ、長ねぎ、ハムの順に加
　 え、中火で炒める。エリンギと長ねぎがしなっとした
　 ら弱火にする。
3 めんつゆ、鶏ガラスープの素、にんにく、ごま油、
　 ラー油、ブラックペッパーを加えて混ぜる。

ごま油の香りが
食欲をそそる！

シェフのひとこと ＞ 火が通りにくいものから順に投入するようにしてください！

ココナッツミルクを使うことで一気に南国風の味わいに！

10 min

ココナッツ風味がやさしい味

ハワイアンフレンチトースト

#スイーツ #朝ごはん

材料（1人分）

バゲット … 3切れ

ホイップクリーム … 適量

パイナップル … 適量

A ┌ 卵 … 1個
　│ 牛乳 … 50g
　│ ココナッツミルク … 100g
　└ 砂糖 … 大さじ2

バター … 15g

作り方

1 Aをボウルに入れよく混ぜ、バゲットを浸す。

2 スキレットやフライパンにバターを溶かし、泡立ってきたら1を入れる。

3 中火で片面3分づつ焼く。

4 お皿に盛り、ホイップクリーム、パイナップルをのせる（お好みのフルーツやアイスを追加してもOK）。

シェフのひとこと ＞ 盛りつけにパイナップルを使うとピニャコラーダ風になりますよ！

ちょっと大人のとっておきデザート
ジンジャー
アップルパイ

(# スパイス) (# パイ)

材料（4人分）

りんご … 1個	しょうが（すりおろし）
砂糖 … 20g	A … 小さじ1
バター … 20g	レモン汁 … 小さじ1
┌ シナモン … 適量	パイシート（冷凍）
A オールスパイス	… 1枚
└ … 適量	

作り方

1 一口大に切ったりんごに砂糖をまぶす。
2 スキレットにバターを溶かし、**1**をよく炒める。火が通ったら**A**を加えて炒め、水分を飛ばし、りんごをとり出す。
3 洗ったスキレットにパイシートを敷いて、粗熱をとった**2**を入れる。余った部分は内側に折りたたむ。蓋をして上に炭をのせ、15～20分程焼く。

シナモンとしょうがで
スパイシーな味わい！

フランスの伝統お菓子
ブルーベリークラフティ

(# スイーツ) (# フルーツ)

材料（4人分）

バター … 5g	薄力粉（ふるう）
┌ 卵 … 2個	… 20g
砂糖 … 30g	A ラム酒（好みで）
A ヨーグルト（加糖）	… 小さじ1/2
└ … 180㎖	ブルーベリー（冷凍）
	… 20g
	粉糖 … 適量

作り方

1 スキレットにバターをぬり、混ぜておいた**A**を流し入れる。
2 ブルーベリーを散らし、蓋をして上に炭を

果物は季節に合わせて
いちじくでもいちごでも！

のせ、20～30分程焼く。焼けたら粉糖をふりかける。

PART 3
DUTCH OVEN & POT

ダッチ
オーブン・
鍋

ダッチオーブンは
キャンプの調理器具の王様的存在。
調理パターンが豊富で、
素材の旨味を最大限に引き出してくれます。
キャンプならではの料理に挑戦するなら
ぜひとも使ってみたい道具です。

DUTCH OVEN & POT

ダッチオーブン・鍋の基本

最強の調理器具ダッチオーブン。まずはその特徴をおさ
えておきましょう。本章では自宅の鍋でも十分作れるレ
シピも多数紹介していますが、せっかくなのでキャンプ
向きの鍋のよさにも触れていきます。

ダッチオーブンの特徴

適した料理

【焼く、煮る】

持ち手も含めて全体が厚みの
ある鉄でできているため、か
なりの重量がある。そのた
め、オートキャンプ向きだ。

CHECK **2**

CHECK **1**

CHECK **1**
形状は一般的な鍋と同じで深
型が多い。鉄製で重さもある
が、さまざまな調理が可能。

CHECK **2**
蓋も重要なアイテムで、蓋上
に炭火をのせることでオーブ
ン料理が可能となる。

キャンプ料理には欠かせないアイテム

いわゆる鉄製の鍋で、蓋上に炭火をのせて「上火」を扱えることからオーブンの名
を冠している。優れた熱伝導性と高い蓄熱性があり、鍋全体が均一に長時間保温さ
れるので、素材の芯までじっくり熱を伝えることができる。皮はパリっと、中はジ
ューシーになる「丸鶏ローストチキン（→P20）」などが代表的なレシピ。

「ダッチ」とは「オランダの〜」を意味する言葉。19世紀アメリカの西部開拓時代に、オランダ人が販売していたことが由来とされています。焚き火で調理することが前提だったため3本の脚がついていましたが、日本では焚き火台を使うことが多くなり脚のないタイプが一般的になりました。

鍋の特徴

適した料理

【煮る、茹でる、沸かす】

クッカーセットを賢く使いこなす

カレーやシチューを作る程度なら自宅の鍋でも十分だが、キャンプ用の鍋は軽いものや重ねて収納できるクッカーがセットになっているなど、外に持ち運ぶための工夫が施されていて便利。鍋だけでなく、フライパンやケトル、ざるなどを収納できるセットもあり、選択肢が豊富なのが特徴だ。

CHECK **1**

CHECK ❶
大小複数の鍋が、1個分のサイズに収納できてしまうシステムクッカー。蓋つきなのもうれしい。

CHECK **2**

CHECK ❷
フライパンが付属しているモデルもあり、このワンセットがあればすべて完結できる。

—— DUTCH OVEN & POT ——

ダッチオーブン・鍋の種類と選び方

ダッチオーブンは鋳鉄製が一般的でしたが、鉄やステンレスを加工した扱いやすいモデルも多くなってきました。使用頻度も低い初心者は、手入れなどに手間がかからない扱いやすいものがおすすめです。

—— ダッチオーブンの種類 ——

鉄製

鉄製は蓋にも重量感があり、内部をしっかりと密閉することで高い蓄熱性をキープすることができる。無塩の植物油をなじませることで焦げにくく、錆びにくい状態にすることができる。

COLUMN

サイズの選び方

ソロで6インチ、ファミリー向けで10インチなどが適しています。ローストチキンなど塊肉を蒸し焼きにしたい場合、底に網を入れて焼くと焦げませんが、高さが出てしまうので蓋が閉まらないことも。丸鶏を焼くなら、10インチ以上を選択しましょう。

ステンレス製

腐食に強く錆びることのないステンレス製のダッチオーブンは、メンテナンスがほぼ不要。蓄熱性は鉄製に劣るが、スープや炊き込みごはんなどを作るのに適している。

鍋の特徴

クッカーセット

サイズ違いの鍋に加え、内部に食器も収納することができるコンパクトなクッカーセット。アルミやチタンなど軽量素材で作られており、徒歩やバイクなどのソロキャンプのときに重宝する。

飯盒

ごはんを炊くための飯盒だが、吊るすための持ち手がついており焚き火の際の鍋としても活躍してくれる。蓋や内蓋も食器として使うことができるので、オールドスタイルながら汎用性も高い。

──── DUTCH OVEN & POT ────

ダッチオーブンの使い方

どんな調理もこなす万能調理器具ダッチオーブン。そんなダッチオーブの能力を最大限に引き出す方法を伝授します。周辺アイテムも揃えることで、快適に調理に臨むことができますよ。

ダッチオーブンこそ万能だ

「焼く・炒める・煮る」となんでもこなせるダッチオーブン。深型鍋のほかに、深めのフライパンくらいのタイプもあり、炒めたり焼いたりするにはこちらのほうが便利なことも。だだ、総合的に考えると、どんな調理も可能な深型がおすすめ。

リフター

蓋上に炭火をのせると蓋が高温になり、手で持つことができなくなる。蓋を開けるための専用のリフターがあると安全だ。

スタンド

ダッチオーブンを置く台。直火の焚き火が可能なら、下に薪をくべることもできる。

トライポッド

ダッチオーブンやケトルを焚き火の上に吊るす三脚。鉄製で重いが、高さを調節して火加減を変えられる。

━━━━━━ ダッチオーブンのメンテナンス ━━━━━━

手間はかかるが育てたい

ダッチオーブンは使用後の手入れが重要。濡れたまま放置するとすぐに錆びてしまう。焦げつきなどは削りとり、お湯を入れてたわしなどで洗う。温度が下がらないよう弱火にかけながら行うと汚れを落としやすい。乾燥させたら植物油を全体にぬり込むことで、油のなじんだより焦げにくいダッチオーブンになっていく。

40 min

蒸し焼きでしっとり仕あげる

ローストビーフ

#牛肉 #塊肉 #簡単 #贅沢

材料（作りやすい分量）

牛もも肉（塊肉）… 500g〜
にんにく（すりおろし）… 適量
塩、こしょう … 適量
オリーブ油 … 適量

ソース
バルサミコ酢 … 大さじ1
はちみつ、しょうゆ … 小さじ1

作り方

1 牛肉を常温に戻し、ポリ袋に入れてにんにくと塩、こしょうを
　すり込む。
2 フライパンに油を熱し、1の表面を焼く。
3 ダッチオーブンに底網を敷いて肉をのせ、20分程焼く。肉に
　鉄串を刺し、芯が温かくなっていたら肉をアルミホイルで包ん
　で粗熱をとる。
4 ソースの材料をすべて混ぜて添える。

1

2

3

シェフのひとこと ┤ サラダにのせたりサンドイッチにしたり、
食べ方もいろいろ。贅沢したいときの一品に。

ジューシーな赤身肉を
堪能できる!

60
min

ココナッツが香る本格タイカレーをキャンプでも！

具だくさんグリーンカレー

#鶏肉　#エビ　#エスニック　#カレー

材料（4人分）

鶏もも肉 … 2枚
エビ … 15尾
なす … 1本
ピーマン … 2個
パプリカ（赤・黄）… 各1/2個
しめじ … 1株
たけのこ水煮（細切り）… 100g
にんにく（みじん切り）… 3片
しょうが（みじん切り）… 20g

グリーンカレーペースト
　… 大さじ2
┌ ココナッツミルク … 400mℓ
│ 水 … 50mℓ
A 鶏がらスープの素 … 大さじ1
│ しょうゆ … 少々
└ オイスターソース … 大さじ1
ごはん … 600g
パクチー … 適宜

作り方

1 なす、ピーマン、パプリカは一口大に切る。しめじは食べやすい大きさに割く。エビは殻をむき背わたをとる。
2 鶏肉は皮をとり一口大に切る。
3 ダッチオーブンを熱し、鶏皮を炒める。鶏皮がカリカリになり油が出たら鶏皮をとり出し、にんにく、しょうがを入れ、香りが出たら鶏肉を加えて炒める。
4 グリーンカレーペーストを加えて炒める。
5 たけのこ（水気を切る）、1とAを加えて野菜に火が通るまで煮込む。
6 ごはんをよそいカレーを盛りつける。

シェフのひとこと　しょうゆの代わりにナンプラーを入れるとより本格的な味わいになります！

ペーストを使うから
誰でも簡単にできる！

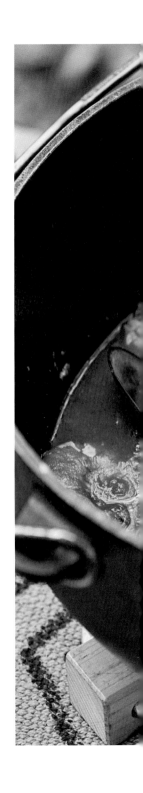

(30 min)

ハーブが味の決め手！
魚介たっぷりブイヤベース

(#魚介) (#フレンチ) (#スパイス) (#缶詰)

材料（4人分）

イカ … 200g
ムール貝 … 200g
有頭エビ … 4〜5匹
セロリ … 1/2本
玉ねぎ … 1/2個
にんじん … 1/2本
にんにく … 1片
白ワイン … 200mℓ
魚のアラ … 1パック
トマト水煮缶
　 … 1缶（200g）

水 … 400mℓ
ブイヨン（固形） … 1個
ブーケガルニ … 1袋
タイム … 適量
サフラン … 適量
アンチョビ … 適量
オリーブ油 … 大さじ2
塩、こしょう … 適量

作り方

1 セロリ、玉ねぎ、にんじんは一口大に切る。
2 ダッチオーブンに油を熱し、アンチョビ、潰したにんにくを
　 香りが立つまで軽く炒める。
3 1を入れ、しんなりするまで炒める。
4 イカ、エビ、ムール貝、魚のアラ（なければタラの切り身）を
　 入れ、焼き色がつくまで軽く炒め、白ワインを入れて臭みを
　 とり風味をつける。
5 トマト缶、水、ブイヨンを入れて、アクをとりながら20分
　 程中火で煮る。
6 タイム、ブーケガルニ（またはローリエ）、サフランを入れて
　 10分程弱火で煮る。
7 塩、こしょうを入れて味を調える。

シェフのひとこと 〉 エビは手長エビを使うとよりだしが効いて
おいしくなりますよ！

少なめの水がポイント。
アラやハーブのコクと旨味が際立ちます

> かぼちゃを崩しながら
> 一緒に召し上がれ！

 60 min

ほくほくかぼちゃの中にたっぷりホワイトソース！

丸ごとかぼちゃグラタン

`# 炭火` `# 簡単`
`# ファミリーキャンプ`

材料（4人分）
かぼちゃ … 1個
ベーコン … 100g
ほうれん草（冷凍）… 30g
ホワイトソース（缶詰）… 1/2缶
バター … 10g
ミックスチーズ … 適量
パン粉 … 少々（なくてもOK）
パセリ … 適宜

作り方
1 フライパンにバターを熱し、一口大に切ったベーコンとほうれん草を炒め、ホワイトソースを加えて混ぜる。
2 かぼちゃは、上から1/4くらいのところを切り落とす。種とわたをくり抜き、1を詰めてチーズ、パン粉をのせる。
3 ダッチオーブンに底網を敷き、底が隠れる程の水（分量外）を入れ、2をのせて蓋をする。焚き火の上にセットし、蓋の上にも炭を置き、15〜20分程焼く。
4 かぼちゃに串を刺してスッと入るまで焼く。お好みで刻んだパセリをふる。

シェフのひとこと 〉 ダッチオーブンは高温になるので火傷に注意してください。

フライパンやメスティンでも
同様に作ることができます

45 min

白ワイン蒸しでさっぱりした味わいに
蒸しスペアリブ

材料（2人分）
スペアリブ … 300g
　┌ オリーブ油 … 大さじ3
　│ にんにくチューブ … 小さじ1
　│ コンソメ … 小さじ1
A │ 水 … 適量
　│ 白ワイン … 大さじ2
　│ ローズマリー … 1本
　└ グリーンオリーブ … 8個
ミニトマト … 5個

作り方
1 鍋にスペアリブを入れ（大きければ半分に切る）、スペアリブが1/3程浸るくらいの水を入れる。蓋をして弱火にかけ、10分程蒸しながら煮る。
2 1にAを入れ、蓋をして弱火で30分程煮込む。途中水分が減ってきたら、少しずつ水を足す。
3 スペアリブに箸が通るくらい柔らかくなったら、火を止める。ミニトマトを加えて蓋をし、5分程余熱で火を入れる。

シェフのひとこと　＞　蒸すことで旨味がぎゅっと凝縮されます！

15 min

昆布茶のだしが深みを引き出す

ねぎたっぷりブリしゃぶ

#魚介 #和風
#簡単 #ヘルシー

材料（1人分）
ブリ … 1柵
長ねぎ … 2本
しめじ … 1株
白菜 … 1/4個
昆布茶 … 20g
　（お好みで量を調整してください）
ポン酢 … 適量
水 … 適量

作り方

1 長ねぎは白い部分と緑の部分でわけ、白い部分は白髪ねぎに、しめじは食べやすい大きさに手で割いておく。ブリは5mm程の厚さに切る。

2 鍋に水、昆布茶を入れて混ぜ、しめじ、食べやすい大きさに切った長ねぎの緑の部分、白菜を入れて火にかけ、2分程煮る。

3 白髪ねぎをブリで巻いて2でしゃぶしゃぶし、ポン酢をつけていただく。

ポン酢ととても合いますよ！

シェフのひとこと ▷ 昆布茶の量は味見をしながらお好みで調整してください。

40 min

蓋を開けたときにテンションが上がる！

豪快鮮魚のアクアパッツァ

＃魚介　＃豪快　＃簡単

材料（4人分）
白身魚 … 1尾
にんにく … 1片
オリーブ油 … 適量
┌ ミニトマト … 1パック
│ アスパラ … 1束
A │ アサリ … 魚の半量
│ 白ワイン … 200mℓ
└ 水 … 200mℓ
塩、こしょう … 適量

作り方
1 魚の皮目に金串やフォークなどで穴を数カ所開け、塩、こしょうで下味をつける。
2 ダッチオーブンにオリーブ油と潰したにんにく、魚を入れて表面をカリッと焼く。
3 Aを入れて蓋をする。
4 アサリが開いて魚に火が通り、スープがグツグツするまで、15分程煮込む。

魚はカサゴ、メバル、タイ、ハタ、ホウボウなどで楽しめます！

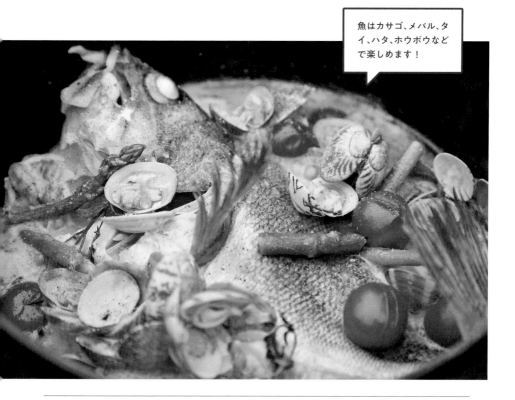

シェフのひとこと ｜ 魚は購入したときに鱗と内臓をとってもらうと、現地で手間がかかりません。
魚の皮目に穴を開けると、皮が破れず味が染み込みやすいです。

ビールを飲みながら
じっくり煮込むのが楽しい！

50
min

ホロホロのお肉がたまらない！
丸鶏のビール煮

#鶏肉 #塊肉
#ビール

材料（4人分）
丸鶏 … 1羽
アウトドアスパイス … 適量
（塩、こしょうでも可）
オリーブ油 … 適量
ビール … 500㎖

作り方
1 丸鶏を常温に戻し、アウトドアスパイス、オリーブ油をふりかけてよくもみ込む。
　ダッチオーブンに丸鶏を入れ、ビールを流し入れる。
3 蓋をして中火で40分間煮込む。

シェフのひとこと 丸鶏に下味をつけるときは、少しかけ過ぎだと思うくらい
調味料をたくさんもみ込むと、ちょうどいい塩梅になります。

30 min 海鮮の香りがたまらないお酒がすすむ一品
ムール貝の白ワイン蒸し

#魚介　#おつまみ

材料（4人分）
ムール貝 … 6〜7個　　白ワイン … 300㎖
エビ … 5〜6匹　　　　コンソメ（固形）
イカ … 200g　　　　　… 1個
オリーブ油 … 適量　　塩 … 適量
にんにく（みじん切り）　パセリ … 適量
　… 1片

作り方
1 エビの背わたをとる。
2 鍋にオリーブ油を熱し、にんにくを炒める。香りが立ってきたら、ムール貝とイカを入れて軽く炒める。
3 白ワイン、コンソメを入れて沸騰したら、蓋をして中火で20分煮る。
4 塩で味を調え、パセリをふる。

〆にパスタを入れてボンゴレビアンコにしてもGOOD！

ホタテをエビやイカにしていろんな味を楽しんで！

 30 min 肉々しくて食べ応え満点！
ジューシー肉シュウマイ

#豚肉　#魚介　#おつまみ

材料（2人分）
豚ひき肉 … 150g　　卵 … 1個
ベビーホタテ … 50g　ラード … 10g
玉ねぎ（みじん切り）　片栗粉 … 10g
　… 1/4玉　　　　　塩 … 小さじ1
　　　　　　　　　　シュウマイの皮 … 6枚

作り方
1 ホタテのひもを外してほぐしておく。
2 すべての材料を混ぜて粘りが出るまで練り、シュウマイの皮に包んで形成する。
3 ダッチオーブンに底網、クッキングシートの順に敷き、2をのせて底網より下まで水を入れて沸騰するまで中火で、その後弱火で20分蒸す。

彩り野菜をそのまま蒸し焼きに！

90
min

ローストベジタブル

#野菜　#簡単

#焚き火　#60分以上

材料（4人分）
トマト … 1個
黄パプリカ … 1個
玉ねぎ（皮つき）… 4個
にんじん … 2本
ブロッコリー … 1房
パプリカ … 1個
クレイジーソルト … 適量
オリーブ油 … 適量

作り方
1 にんじんは3等分くらいに切る。ブロッコリーは小房に分けておく。
2 ダッチオーブンにブロッコリー以外の野菜を入れる。
3 野菜の底面が浸かるくらいまで水（分量外）を入れ、蓋をする。蓋の上に炭を5個置いて1時間半焼く。
4 ブロッコリーと少量の水（分量外）を加え、さらに5分程焼く。
5 ダッチオーブンを炭から離して数分蒸らし、蓋を開けてクレイジーソルト、オリーブ油をかける。

ダッチオーブンで
ローストするだけ！

シェフのひとこと
野菜の旨味だけでも十分おいしいけれど、
お好みでマヨネーズやバルサミコ酢などと合わせてみても！

90 min

肉の旨味たっぷりの豪快料理！

じっくり豚ロース

塊肉　# 豚肉　# ファミリーキャンプ　#60分以上

材料（4人分）

豚ロース肉（ネットつき） … 400g
じゃがいも … 1個
にんじん … 1/2本
玉ねぎ … 1/2個
ローズマリー … 2本
塩、こしょう … 適量

作り方

1 豚肉のネットの隙間にローズマリーを挟む。
2 1の豚肉に塩、こしょうをまんべんなくふりかけ、30
　分程置いて下味をなじませる。
3 じゃがいも、にんじん、玉ねぎを食べやすい大きさに
　切る。
4 ダッチオーブンに3を敷き詰め、2を入れて1時間程
　炭火の中で焼く。

焚き火でじっくり
焼きあげたい！

シェフのひとこと　ダッチオーブンを使えば、塊肉の調理も簡単！
じっくりと旨味を閉じ込めながら焼きあげるので絶品です。

60 min 待てば待つほどお肉がホロホロ柔らかくなる
豚肉のオレンジ煮

豚肉 　# 塊肉
フルーツ

材料（4人分）

豚ロース肉（塊肉）… 400g

甘酒 … 200mℓ

A
- オレンジジュース … 200mℓ
- ベイリーフ … 1枚
- クローブ（ホール）… 2粒
- ローズマリー … 1本
- しょうが … 1片
- しょうゆ（淡口）… 20mℓ

ペコロス … 12個

にんじん … 2本

さつまいも … 1本

ベビーリーフ、カッテージチーズ、
　ベリージャム、塩、こしょう … 適量

作り方

〈仕込み〉

豚肉はフォークなどで数カ所穴を開け、甘酒に一晩漬ける。

〈現地調理〉

1 鍋に仕込みの豚肉とAを入れ、30分程煮込む。

2 にんじん、さつまいもは5mmの輪切りにし、ペコロスと一緒に1に加えて煮込む。

3 2の野菜に火が通ったら、塩、こしょうで味を調える。

4 肉を一度とり出して適度な厚みに切り、鍋に戻して15分程置いて冷ます。

5 お皿に盛り、ベビーリーフ、カッテージチーズ、ベリージャムを添える。

オレンジジュースで
作れちゃう！

シェフのひとこと　最後、鍋に戻して少し時間を置く工程がポイント。
肉が柔らかくなり、味がしみ込んでいく大切な時間です。

80 min

りんごの酸味でサッパリ食べられる！

りんごとスペアリブの煮込み

#豚肉　#骨つき肉　#フルーツ

材料（4人分）

豚スペアリブ … 800g
りんご … 4個
白ワインビネガー … 30㎖
白ワイン … 500㎖
水 … 600㎖
コンソメ（顆粒）… 14g
砂糖 … 10g
ローリエ … 2枚
塩 … 適量
黒こしょう … 適量

作り方

1 鍋に白ワイン、水、顆粒コンソメ、砂糖、ローリエを入れて強火で沸騰させる。
2 豚スペアリブの両面に塩、黒こしょうをたっぷりふり、1の鍋に入れて煮込む。
3 りんご2個を縦4等分に切り、芯をとって2に入れる。
4 沸騰してアクをすくったら蓋をして、スペアリブが柔らかくなるまで弱火で1時間程煮込む。
5 残りのりんご2個をくし切りにして、白ワインビネガーで絡めておく。
6 スペアリブが柔らかくなったら5を加え、軽く煮込む。
7 塩をふり、味を調えたら完成。

鍋は圧力鍋を使うと
時間が短縮できます

シェフのひとこと ＞ りんごの品種はピンクレディーがおすすめ！ 紅玉などでもOK！

仕あげにハーブのディルを
添えると北欧感UPです！

50 min

スウェーデンの伝統煮込み料理をアレンジ！

牛肉のカロップス

牛肉　# 野菜　# 北欧

材料（4人分）
牛細切れ肉 … 200g
玉ねぎ … 2個
にんじん … 2本
長ねぎ … 1/2本
塩 … 小さじ1
ブラックペッパー … 10粒
ホワイトペッパー … 5粒
ベイリーフ … 1枚
水 … 500㎖
オリーブ油 … 大さじ1
ヨーグルト … 100㎖
塩、こしょう … 適量

作り方
1 玉ねぎ、にんじん、長ねぎを食べやすい大きさに切る。
2 ダッチオーブンにオリーブ油を熱し、牛肉を炒める。
3 2に玉ねぎを加えて炒め、塩、ペッパー類、ベイリーフ、水を入れて30分程煮る。
4 にんじん、長ねぎを加えて10分程煮込み、塩、こしょうで味を調える。
5 器に入れ、100㎖のヨーグルトを添える。

シェフのひとこと　にんじん、長ねぎを加えたときに、スープが少ないようだったら、ヒタヒタになるくらいまで水を足してから煮込んでください。

ごはんとの相性抜群！
お試しあれ

40
min

いろんなお肉の旨味がたまらないブラジル料理

お肉たっぷりフェイジョアーダ

#豚肉 #山飯

#南米

材料（4人分）
豚バラ肉（塊肉）… 200g
レッドキドニービーンズ … 200g
ベーコン … 150g
チョリソー … 4本

A
┌ オールスパイス
│   … 小さじ1/2
├ チリパウダー … 小さじ1
└ 塩 … 少々

オリーブ油 … 適量
玉ねぎ … 1/2個
にんにく … 2片（チューブでも可）

B
┌ 水 … 300mℓ
└ コンソメ（固形）… 1個

作り方

〈仕込み〉

豚肉は1cm厚さに切って、Aと密閉袋に入れてもみ込む。そのまま冷凍させるか、肉を焼いてから密閉袋に入れて凍らせる。

〈現地調理〉

1 玉ねぎはみじん切り、ベーコンは1cmの棒状に、チョリソーはブツ切りにする。豚肉は常温に戻す。

2 鍋にオリーブ油を熱し、にんにくを入れて香りが立ってきたら玉ねぎを炒める。

3 2に仕込みの豚肉を加えて炒め、ベーコン、チョリソー、キドニービーンズも加えて炒め、Bを入れて20〜30分煮る。塩（分量外）で味を調え、とろみが出るまで煮込む。

シェフのひとこと　ピリッと効いたスパイスが食欲をそそります。

10 min

薬味の効いたソースでいただく簡単ゆで鶏

コールドジンジャーチキン

#鶏肉　#おつまみ　#ヘルシー　#スピードメニュー

材料（1人分）
鶏もも肉 … 1枚
塩 … 大さじ1
しょうが（薄切り）… 3枚

A
┌ しょうが（みじん切り）
│　　… 大さじ1
│ にんにく（みじん切り）
│　　… 1片
│ 小ねぎ … 適量
│ サラダ油 … 大さじ5
│ ごま油 … 大さじ1
│ しょうゆ … 大さじ2
└ 砂糖 … 小さじ1
レモン（薄切り）… 適宜

作り方
〈仕込み〉
鍋に湯を沸かし、塩としょうがを入れる。鶏肉を鍋に入れ火が通ったら火を止めて5分程置く。粗熱がとれたら液体も合わせて密閉袋やタッパーに移しクーラーボックスで冷やす。
〈現地調理〉
1 Aの材料を混ぜてソースを作る。
2 鶏肉を薄切りにし、1のソースをかけ、お好みでレモンを添える。

> キャンプ前日に鶏肉を仕込んでおくととっても楽です！

シェフのひとこと ＞ ゆで汁には鶏のだしがたっぷり。スープなどに使えますよ。

みんなが喜ぶシンガポール風豚角煮

ホロホロ肉骨茶
（バクテー）

#豚肉 #エスニック

#スープ

材料（4人分）

豚スペアリブ（豚バラ肉でも可）
　… 200g

玉ねぎ … 1個

にんにく … 1片

```
┌ 塩 … 小さじ1
A  こしょう … 少々
└ ガラムマサラ … 少々
```

サラダ油 … 適量

```
┌ 水 … 500㎖
│ コンソメ（固形）… 1個
B ナンプラー … 30㎖
└ 八角 … 6つ
```

パクチー … 適宜

作り方

〈仕込み〉

密閉袋に豚肉（豚バラの場合は大きめの一口大に切る）と
A を入れてもみ込み、袋を密閉しておく。

〈現地調理〉

1 玉ねぎは大きめのくし切りに、にんにくは皮をむか
　ずに潰す。

2 鍋に油を熱し、にんにくを入れて香りが出てきたら、
　玉ねぎを炒める。

3 2に豚肉を加えて炒め、B を入れてアクをとりなが
　ら肉が柔らかくなるまで50分煮る。塩（分量外）で味
　を調え、お好みでパクチーを添える。

> お肉を大きめに切るのがポイント

シェフのひとこと
味にパンチがほしいときにはお好みでナンプラーをどうぞ。
ちなみに私はパクチーたっぷりをオススメします！

人気のベトナム料理が
簡単に作れちゃう！

25 min

レモン&パクチーのさっぱり米麺
チキンフォー

鶏肉　# 麺類

エスニック

材料（1人分）

鶏もも肉 … 100g

フォー … 70g

水 … 650mℓ

A
┌ ナンプラー … 大さじ1
└ 鶏がらスープの素 … 小さじ1

B
┌ パクチー … 適量
│ カットレモン … 適量
└ こしょう … 適量

作り方

1 鍋に水と鶏肉を入れて火にかける。フツフツして
きたら弱火にし、アクをとりながら15分茹でる。

2 茹で上がった鶏肉を別の容器に移す。残った茹で
汁にAを加えスープを作る。

3 別の鍋でフォーを茹でておく（水は分量外）。

4 2に3と鶏肉を入れる。Bをトッピングすればで
きあがり。

シェフのひとこと ┃ レモンやパクチーがさわやかで暑いときにもぴったりです。

豆乳とおみそを使ったクリームスープ
みそ豆乳スープ

20 min

#簡単 #スープ #豆乳

おみその深い味と、たらこの香りがよく合います

材料(2人分)

あわせみそ … 大さじ2　　マカロニ … 30g
無調整豆乳 … 100㎖　　青じそ … 2枚
たらこ … 1腹　　のり … 適量

作り方

1 たらこはトッピング用に2cmほどを残し、それ以外はほぐす。
2 鍋に湯を沸かし(分量外)、マカロニをパッケージの規定の時間茹でる。
3 2に1でほぐしたたらこを入れ、みそと豆乳を加えて沸騰する前に火からおろす。
4 千切りにした青じそとのり、トッピング用のたらこをのせる。

こんがりはんぺんとチーズが香ばしい!
グラタンスープ

60 min

#ファミリー #スープ

材料(2人分)

玉ねぎ … 2個　　コンソメ(顆粒) … 5g
バター … 30g　　水 … 750㎖
砂糖 … 10g　　はんぺん … 2枚
小麦粉 … 5g　　ピザ用チーズ … 適量

作り方

1 鍋にバターを熱し、薄切りした玉ねぎを炒める。砂糖を加え、茶色く色づいてきたら小麦粉を加えてさらに炒める。
2 水とコンソメを加え、弱火で30分程煮込む。塩、黒こしょう(分量外)で味を調え、耐熱皿に移して大きめのさいの目に切ったはんぺんを入れて、ピザ用チーズをふる。

鍋に高さがない場合は蓋をしないで焼きましょう

3 ダッチオーブンに水(分量外)を入れ、底網を敷き、2を入れて5分程焼く。

蓋の上に炭を山盛りにすると、
表面だけ焦げて中が生焼けに
なってしまうので、ご注意を！

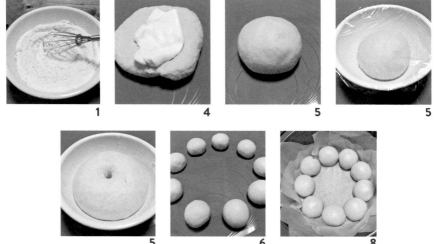

1   4   5   5

5   6   8

基本のダッチパン

(#ダッチオーブン) (#パン) (#朝ごはん)

材料（4人分）

強力粉 … 300g　　牛乳 … 120mℓ　　ドライイースト … 3g

砂糖 … 24g　　　　卵 … 1個

塩 … 3g　　　　　バター … 60g

作り方

1 ボウルに強力粉、塩、砂糖、ドライイーストを入れ、泡立て器や箸などでよく混ぜる。

2 鍋に牛乳と卵を入れて混ぜる。火にかけ、人肌くらいに温める。

3 1に2を加えてこねる。

4 ある程度まとまったら常温に戻したバターを加え、再度しっかり手でこねる。

5 バターがなじんだら生地をきれいに丸め、ラップをふんわりとかぶせ、2倍に膨らむまで40分程一次発酵させる。強力粉（分量外）をつけた指で穴を開け、穴が塞がらなければ一次発酵完了。

6 生地を9等分（1個60g前後）にして丸め、バットなどに並べ、生地が乾かないようにふんわりとラップをかぶせて15分程置く。

7 ベンチタイム後、生地をひとつずつ手で軽く潰しながらこねてガスを抜き、再び丸く成形する。

※自宅でパン生地を作っておく場合は、ここまで完了させた生地を冷凍し、現地で自然解凍してから8に進む。

8 クッキングシートを敷いたダッチオーブンに生地をふちに沿うように並べ、ラップをして2倍に膨らむまで40〜50分生地を二次発酵させ、生地作りは完了。

9 焚き火台の炭の上（スタンドなどで遠火にするのがおすすめ）にダッチオーブンをのせ、蓋の上にも炭を置く。

10 中の様子を確認していい色に焼き上がるまで10〜15分程焼く。

※1〜5を密閉袋などで行えば、手をよごさずに作れる。一次発酵させる際は、イースト菌が呼吸できるよう、密閉袋は少し開けた状態にする。

シェフのひとこと ＞ 焼くときは下火を鍋底に火を当てないよう遠火にし、蓋の上には炭を置きすぎないようにするのがポイント。

クリームチーズとコーンが詰まったおやつダッチパン

(150 min)

コーンチーズダッチパン

ダッチパン   # おやつ

#60分以上

材料（4人分）

パン生地
- 強力粉 … 300g
- 砂糖 … 24g
- 塩 … 3g
- バター … 60g
- 牛乳 … 120mℓ
- 卵 … 1個
- ドライイースト … 3g

とうもろこし … 2本

A
- クリームチーズ … 200g
- マヨネーズ … 大さじ2
- 砂糖 … 小さじ1

ピザ用チーズ … 適量

作り方

1 「基本のダッチパン（P122）」の作り方**1～7**までを行う。
   ※自宅でパン生地を作っておく場合は、ここまで完了させた生地を冷凍し、現場で自然解凍してから、**2**に進む。

2 クッキングシートを敷いたダッチオーブンのふちに沿うように生地を並べ、ラップをして2倍に膨らむまで40～50分生地を二次発酵させる。

3 生地を二次発酵させている間に、とうもろこしを茹で（もしくは蒸し）、粒をピーラーや包丁でとる。Aとよく混ぜ、二次発酵が終わったパン生地の真ん中へ詰めて、ピザ用チーズをふりかける。

4 炭火の上下火で15～20分焼く。

ファミリーキャンプでのおやつにぴったり！

シェフのひとこと ＞ シャキシャキのコーンとチーズとマヨネーズの相性が抜群です！

甘じょっぱいデザートパン

キャラメルフォンデュ塩ダッチパン

ダッチパン　# シェラカップ　#60分以上

材料（4人分）

パン生地
- 強力粉 … 300g
- 砂糖 … 24g
- 塩 … 3g
- バター … 60g
- 牛乳 … 120ml
- 卵 … 1個
- ドライイースト … 3g

ミルクキャラメル … 1袋
牛乳 … 100ml
スライスアーモンド … 適量

作り方

1 「基本のダッチパン（P122）」の作り方**1〜7**までを行う。
　※自宅でパン生地を作っておく場合は、ここまで完了させた生地を冷凍し、現場で自然解凍してから、**2**に進む。

2 クッキングシートを敷いたダッチオーブンのふちに沿うように生地を並べ、生地の真ん中にシェラカップを置く。1時間ほど2倍に膨らむまで発酵させる（二次発酵）。発酵後、塩（分量外）をひとつまみパン生地全体にふりかける。

3 炭火の上下火で10〜15分程焼く。

4 キャラメルと牛乳を鍋に入れ、弱火で混ぜながら溶かしてシェラカップに流し入れ、アーモンドをふりかける。

焼き立てパンをキャラメルでフォンデュする！

シェフのひとこと　焼く前から溶かしたキャラメルを入れると焦げてしまうので、焼きあがり直前か焼きあがってから入れると熱々のキャラメルに焼きたてパンをつけて食べることができますよ。

(30 min) **素朴な味わいが体にしみる！**
ピエンロー鍋

#鍋 #中華

材料（2人分）

豚バラ肉 … 500g
干ししいたけ … 5枚
白菜 … 1/4株
春雨 … 100g
水 … 800ml
ごま油 … 小さじ1
塩 … 小さじ1〜
ごま … 適量

作り方

1 干ししいたけは水
で戻し、しいたけ
は千切りに、戻し
汁はダッチオーブ
ンに入れる。

2 ダッチオーブンに
一口大に切った豚
肉と白菜を加えて
煮込む。

3 春雨も加えて煮込み、ごま油と塩で味を調えたら、
ごまをかける。

干ししいたけの
だしがポイント

シェフのひとこと 〉 ピエンロー鍋は中国の家庭料理のひとつで、シンプルな味つけの白菜鍋のことです。

40 min

ダッチオーブンで食材の旨味が際立つキャンプ鍋

超簡単！ 手羽先の水炊き

鶏肉　# 簡単　# ファミリーキャンプ

材料（4人分）

鶏手羽先 … 500g
えのき … 1パック
白菜 … 1/6カット
ねぎ … 1本
にんじん … 1/2本
にんにく（薄切り）… 1片
水 … 1ℓ
塩 … 適量

作り方

1　えのき、白菜、ねぎを食べやすい大きさに切り、にんじんを輪切りにする。
2　水、手羽先、にんにくを鍋に入れ、30分煮込む。アクをとったら、蓋は開けないようにする。
3　残りの食材をすべて鍋に入れ、煮込む。
4　塩で味を調えて完成。

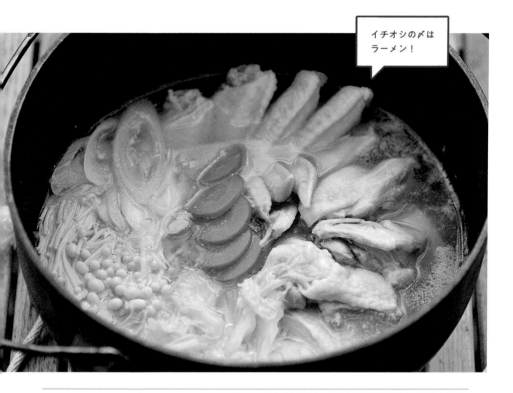

イチオシの〆は
ラーメン！

シェフのひとこと ＞ 鍋のあとはラーメンや雑炊など好きな〆でさらに楽しみましょう。

しっかり煮込むので、食材は少し大きめでもOK

45 min

山梨の郷土料理をワイルドにアレンジ
ジビエほうとう

#ジビエ #郷土料理 #鍋

材料（4人分）
ほうとう … 500g
鹿肉ソーセージ … 4本
白菜 … 200g
にんじん … 1本
大根 … 3本
しいたけ … 4個
ひらたけ … 50g
まいたけ … 50g
しめじ … 50g
油揚げ … 2枚
かぼちゃ … 300g
じゃがいも … 4個
さやえんどう … 8個
白だし … 小さじ2
水 … 800mℓ
みそ … 50g

作り方
1 白菜は3cm幅に、にんじん、大根は5mm幅の輪切りにする。じゃがいも、かぼちゃは乱切りする。しいたけは傘に十字の切れ目を入れ、しめじ、ひらたけ、まいたけは一口大に切る。油揚げは1.5cm幅に切り、鹿肉ソーセージは1/2に切る。
2 ダッチオーブンに水を入れて火にかけ、沸騰したら白だしを加える。
3 かぼちゃ、にんじん、大根を入れて5分煮込み、柔らかくなったら、その他の野菜、ソーセージ、油揚げを入れてさらに5分煮込む。
4 3にほうとうをほぐしながら入れて5分煮込む。
5 ほうとうが柔らかくなったらみそを溶き入れ、よく混ぜる。

シェフのひとこと ＞ 基本は家庭料理なので、材料にこだわらず、好みの食材で楽しんでみてください。

体にやさしいヘルシーな一品！

鶏肉　# 麺類　# 和風

30 min

寒い季節にぴったり！

せりとしめじの煮込みうどん

材料（4人分）
鶏もも肉 … 300g
しめじ … 1パック
セリ … 1束
ねぎ … 1本
白菜 … 1/5個
水 … 1500㎖
白だし … 160㎖
うどん（生麺）… 400g

作り方

1 しめじを石づきから外し、バラバラにする。セリは根元を切って1/4に切る。ねぎは斜め切り、白菜は2〜3cmのざく切りに、鶏肉を一口大に切る。

2 ダッチオーブンに、水、白だしを入れて沸騰させる。

3 沸騰したら、鶏肉、白菜、しめじを入れて中火で煮込む。

4 湯を沸かしてうどんを茹で、ざるにあげておく。

5 鶏肉に火が入ったら、うどん、セリ、ねぎを入れて中火で2〜3分間煮込む。

シェフのひとこと ＞ 細めのうどんを使うと、煮込み時間が短くても味がよく染み込みます。

0秒チキンラーメンはアレンジ
レシピにぴったりの商品！

お好みで黒こしょうやチーズを
かけてもおいしいです

5 min

中華丼の具を温めてかけるだけ
15秒かた焼きそば

#チキンラーメン #インスタント

#麺類 #スピードメニュー

材料（1人分）
0秒チキンラーメン … 1袋
中華丼の具（レトルト） … 1箱

作り方
1 中華丼の具を湯せんにかける。
2 0秒チキンラーメンを袋の上から軽く砕き、皿に盛る。
3 温めた中華丼の具を**2**の上にかける。

30 min

定番インスタントで簡単やみつきの味
チキラー飯

#チキンラーメン #インスタント #麺類

材料（4人分）
チキンラーメン … 2袋
水 … 430㎖
米 … 2合
卵 … 2個
小ねぎ … 適量

作り方
1 米を研ぎ浸水させておく。
2 チキンラーメンは袋を開けずに中でバリバリに砕いて**1**の中に入れて炊く。
3 炊けたら卵を落として蓋をして蒸らす。
4 目玉焼きになったら小ねぎを散らす。

BBQ の〆におすすめ
ガーリックステーキまぜごはん

#牛肉 #ごはん
#ファミリーキャンプ

材料(4人分)
牛ステーキ肉 … 200g
サラダ油 … 大さじ1
塩、こしょう … 少々
ステーキソース(市販)
　… 大さじ2〜3
米 … 2合
水 … 400㎖
チキンコンソメ(顆粒)
　… 大さじ1
フライドガーリック … 大さじ2
パセリ … 少々

作り方
1 鍋に研いだ米、水、コンソメを入れ30分程浸水させ
てから炊飯する。
2 フライパンに油を熱し、塩、こしょうをした牛肉をお
好みの焼き具合で焼いてとり出し、一口大に切る。
3 肉を焼いたフライパンの中にステーキソースを入れて
加熱する。
4 炊きあがったごはんにステーキ、フライドガーリッ
ク、パセリをふって3のステーキソースを回しかけた
ら完成。

> ステーキソースは味の濃さを
> 調整しながらかけてください

シェフのひとこと ▷ フライドガーリックを入れるとパンチが効いた味になります!

手羽先なら火入れも
しやすく短時間で作れる

40
min

ほったらかしてもおいしくなる
手羽先ポトフ

#鶏肉 #骨つき肉 #簡単 #スープ

材料（2人分）

手羽先 … 4本	じゃがいも … 1個
玉ねぎ … 1個	にんじん … 1本
キャベツ … 1/4個	コンソメ（固形）… 2個
	水 … 500ml

作り方

1 玉ねぎを大きめのくし切りに、キャベツは
　お好みのサイズに、じゃがいも、にんじん
　は大きめの乱切りにする。

2 ダッチオーブンにすべての食材を入れ、お
　水、コンソメを入れたら蓋をして弱火で
　30分煮込む。

ハンバーグを冷凍のまま使う場
合は炊飯時間を長めにしてくだ
さい。パセリをたくさんふりかけ
るとさっぱりしておいしいです

60
min

洋風時短炊き込みごはん
ハンバーグごはん

#ごはん #冷凍食品 #ファミリーキャンプ

材料（4人分）

冷凍ハンバーグ	チキンコンソメ（顆粒）
… 2個（解凍しておく）	… 大さじ1
米 … 2合	塩 … 少々
トマトジュース	ピザ用チーズ
… 200㎖	… ひとつかみ
水 … 200㎖	パセリ … 少々

作り方

1 ダッチオーブンに研いだ米、水、トマト
　ジュース、塩、コンソメを入れ30分程浸
　水させる。

2 ハンバーグを上にのせて炊飯する。

3 炊きあがったらチーズとパセリをふり、ハ
　ンバーグを崩しながら混ぜる。

60 min

ゴロゴロたこがいい歯ごたえ
簡単たこ飯

(#魚介) (#ごはん)

材料（4人分）
米 … 3合
炊き込みごはんの素
　… 3合分（約650g）
茹でたこ … 300g

しょうが … ひとかけ
小ねぎ … 適量
水 … 適量

作り方
1 米を研ぎ、炊き込みごはんの素を入れる。
2 たこはぶつ切りに、しょうがはみじん切り
　にして1の上にのせる。
3 炊き込みごはんの素の指示通りに2を炊く。
　盛りつけたら小ねぎを散らす。

25 min

旬がつまった春のキャンプ飯
筍の炊き込みごはん

(#ごはん) (#旬)

材料（4人分）
筍の煮物 … お好みの量
筍の水煮 … 1パック
米 … 3合

炊き込みごはんの素
　… 1袋
木の芽 … 適量
水 … 適量

作り方
〈仕込み〉
筍の煮物をあらかじめ自宅で作っておく。
〈現地調理〉
1 筍の水煮を食べやすい大きさに切り、炊
　き込みごはんの素と一緒に入れてごはん
　を炊く。
2 炊きあがったら、木の芽と食べやすい
　大きさに切った仕込みの筍をのせる。

水を少なめにするとベチャっとせず
おいしく炊けます

筍を入れすぎるとうまく
炊けないことがあるので注意

アサリの旨味がだしになって味わい深いごはんになります

60 min

ボリュームたっぷりのアサリがうれしい！

パエリア風アサリごはん

#魚介　#ごはん　#ファミリーキャンプ

材料（4人分）
米 … 3合
玉ねぎ … 1個
アサリ … 500g（砂抜き済）
シーフードミックス … 150g
にんにく … 2片
塩 … ひとつまみ
コンソメ（固形）… 2個
水 … 600mℓ

作り方
1 熱したダッチオーブンに刻んだにんにくと玉ねぎを炒める。
2 米を入れ透明になるまで炒める。
3 水、コンソメ、シーフードミックス、アサリ、塩を入れ蓋をする。
4 鍋底に火が当たる程度の火加減で、水分がなくなるまで炊きあげる。

シェフのひとこと ＞ お好みでできあがりにレモンや淡口醤油を少しかけるとおいしいです。

粉チーズを混ぜて
リゾット風に仕あげても！

グラタンソースで手軽に作れる
簡単ミートドリア

（50 min）

#ごはん #缶詰

材料（1人分）
豚ひき肉 … 100g
玉ねぎ … 1/4個
トマト缶 … 1缶
コンソメ（固形） … 1個
ごはん … 200g
グラタンソース（市販） … 1缶
ピザ用チーズ … 適量
パセリ … 適量

作り方
1 玉ねぎをみじん切りにし、豚肉と一緒に炒めてトマト缶を入れる。沸騰したらコンソメを入れて煮込む。
2 ごはんをダッチオーブンの底に敷き詰め、**1**、グラタンソース、チーズの順で入れて蓋をする。蓋の上に炭火をのせて10分焼き、パセリをふる。

シェフのひとこと ＞ チーズに焼き色をつけるのには、ガストーチを使うと便利です。

90 min

フルーツたっぷりで子どもも食べやすい！

トロピカルキーマカレー

#カレー　#60分以上
#缶詰　#ファミリーキャンプ

材料（4人分）

ひき肉 … 300g
オリーブ油 … 大さじ2
玉ねぎ（粗みじん切り） … 3個

A ┌ しょうが（みじん切り） … 1片
　├ ガーリックパウダー … 小さじ1/2
　└ 塩、こしょう … 適量

B ┌ マッシュルーム、桃缶、マンゴー缶
　│ （5mm大に切る） … 1缶
　├ 野菜ジュース … 500ml
　└ ベイリーフ … 1枚

カレーフレーク … 180g
ドライレーズン、ローストアーモンド、ミント … 適宜
ごはん … 適量

作り方

1 鍋に油を熱し、玉ねぎにとろみが出るまで炒める。
2 1にひき肉とAを加えて軽く炒めたら、Bを加えて
　20分程煮込む。
3 カレーフレークを入れ、弱火でかき混ぜながら少し
　とろみが出るまで煮込む。
4 刻んだミントを混ぜたごはんと3を器に盛り、レー
　ズン、アーモンドをトッピングする。

トッピングは
お好みで楽しんで！

シェフのひとこと ｝ それぞれの工程でしっかりとろみが出るまで炒め、煮込むと
味にコクが生まれます。

缶詰だから気軽につくれる

サバカレー

魚介　# カレー　# 缶詰

材料（4人分）
サバ水煮缶 … 2缶
じゃがいも … 2個
玉ねぎ … 1個
なす … 2本
トマト水煮缶 … 1缶
オクラ … 1袋
カレールー（市販）… 4人分
サラダ油 … 適量

作り方

1 じゃがいも、玉ねぎ、なすは一口大に切っておく（事前に家で切っておき、タッパーや密閉袋で持参すると便利）。

2 鍋に油を熱し、玉ねぎを炒める。

3 2の中にじゃがいも、なすを入れて軽く炒める。

4 サバ缶の煮汁とトマト缶を入れる。

5 材料が浸るくらいまで水（分量外）を入れて煮込む。

6 煮立ったらカレールーを入れて弱火でさらに煮込む。

7 とろみが出たらサバとオクラを入れ、オクラに火が通るまで煮込む。

> サバ缶の煮汁から
> たっぷりだしをいただく！

シェフのひとこと ＞ サバはあえて缶詰を使うことで気軽にお魚カレーをつくることができます！

サバとイワシから
Ｗでだしをいただく

お好みで七味を
ふっていただく！

野菜の旨味がつまった絶品スープ

簡単豚汁

30 min

#豚肉 #スープ #和風

材料（4人分）

豚バラ肉 … 200g
水 … 1ℓ
サバ・イワシ節 … 40g
みそ … 大さじ4

みりん … 大さじ2
サラダ油 … 大さじ1
大根、にんじん、ごぼ
う、こんにゃく、長ねぎ
… 30g

作り方

1 鍋に水を入れ、沸騰したらサバ、イワシ節
を入れ弱火にし、3〜4分程煮出したら、
キッチンペーパーを敷いたざるでこす。

2 鍋に油を熱し、豚肉を炒めて火が通ったら
食べやすい大きさに切った他の具材を入れ
て5分程炒める。

3 1を加え、野菜に火が入るまで弱火で煮た
ら、みそを溶き、みりんを加えて器によそ
い、輪切りにした長ねぎをのせる。

昔ながらのほっとする味

けんちん汁

25 min

#スープ #和風

材料（2〜3人分）

A
┌ 大根、にんじん（い
│ ちょう切り）、ごぼう
│ （乱切り）
│ … 1/4本
│ 和風顆粒だし
│ … 小さじ1
└ 水 … 500ml
七味唐辛子 … 適宜

B
┌ こんにゃく（一口大）
│ … 100g
│ 豆腐（サイの目）
└ … 200g

C
┌ 長ねぎ（輪切り）… 1/2本
│ しょうゆ、みりん
│ … 大さじ1
└ 塩 … 小さじ1

作り方

1 鍋にAを入れ、火にかける。

2 沸騰したらアクをとり、Bを入れて弱火で
15分程煮込む。

3 Cを加えてひと煮立ちさせる。

20 min

赤だしを使ったグラタン風おみそ汁
オニグラみそ汁

(#スープ) (#洋風) (#簡単)

材料（2人分）
赤だしみそ … 大さじ2
スライスチーズ … 2枚
玉ねぎ … 1/4個

バゲット
　… 2cm×2枚
バター … 10g
水 … 400㎖

作り方
1 玉ねぎを千切りにする。
2 鍋にバターを熱し、玉ねぎを炒める。
3 玉ねぎに火が通ったら、鍋に水を入れ、沸騰したらみそを加えて混ぜる。
4 器によそい、バゲットとチーズをのせ、ガストーチで軽く炙る。

汁をたっぷり吸った
バゲットがおいしい！

---

20 min

きのこの旨味が凝縮された一杯
きのこの香ばしみそ汁

(#スープ) (#簡単) (#和風)

材料（2人分）
あわせみそ … 大さじ2
ごま油 … 大さじ1/2
きのこ（まいたけ、しめじ、エリンギなど）… 100g
水 … 300㎖

作り方
1 まいたけはほぐし、しめじは軸を切って小房に分ける。エリンギは半分の長さに切って3mm幅に切る。
2 鍋にごま油を熱し、きのこを水分が飛ぶまでよく焼く。
3 水を入れて沸騰したら、みそを溶く。

きのこをしっかりごま油で焼く
ことで、香ばしさが増します

野外での食事といえば定番のBBQ。
キャンプのようにテントで泊まるなど、
ハードルの高いことがないため、
多くの人に親しまれているレジャーです。
もし、今までただ網の上で食材を焼いて
たれで食べるだけだったなら、
ここで紹介する絶品料理にぜひ挑戦してみて!

PART 4

BBQ GRILL

BBQグリル

—— BBQ GRILL ——
BBQグリルの基本

家族や仲間内とBBQをするときに、なんと言っても欠かせないのがBBQグリル。これさえあれば気軽にアウトドアレジャーを楽しむことができます。ここではBBQグリルの基本を紹介していきます。

—— 脚つきBBQグリルの特徴 ——

適した料理
【焼く・炒める】

初心者は
BBQグリルから

典型的なBBQグリルは脚つきタイプ。立ったまま調理することを想定している。座っても調理できる2段式のものも多くある。オプション品として鉄板があり、網ではBBQ、鉄板で〆の焼きそばなどと、使い分けできるのも特徴だ。ホームセンターで比較的安価に入手できることもあり、初心者向けのアイテムともいえる。

CHECK ❶
炭を入れる炭床。火力調整や後片づけがしやすいスライド式のものがおすすめ。

CHECK ❷
網と鉄板をチェンジして使い分けができる。網は定期的な交換が必要な消耗品と考えておく。

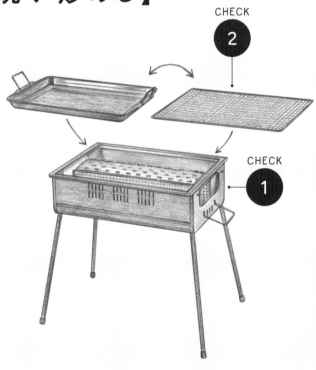

CHECK
2

CHECK
1

脚の高さが変更できるだけでなく、外して卓上にのせられるタイプもある。

BBQグリルは必要か?

キャンプでもBBQを楽しむ人も多いと思いますが、BBQグリルは炭火での調理に特化しており、焚き火をするには不向き。キャンプブームにより焚き火台の種類が豊富になったことで、今はBBQもできる焚き火台が隆盛です。また、グランピングなどの施設が充実し、道具も食材も用意してくれるレンタルサービスなどが増え、BBQグリルを自分で買う必要性も減少してきました。しかし、いつでもどこでもはじめられる手軽さはとても魅力的ですよね。使用頻度とコスパのバランスを考えて検討してみてください。

蓋つきBBQグリルの特徴

適した料理

【焼く・蒸す・燻す】

蓋があれば 本格BBQが楽しめる

蓋のないBBQは、ただ網の上で食材を焼く、いわゆる焼肉と同じ。蓋があれば豪快に塊肉を焼くなど、厚い肉に十分に火を通すことが可能なのだ。蓋をするとオーブンと同じ蒸し焼き効果も得られ、遠目の炭火で蒸し焼きすれば、外はカリカリ、中はジューシーに仕あげることができる。

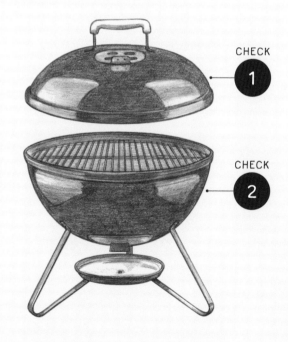

CHECK **1**

CHECK **2**

CHECK **1**
蓋があれば煙を循環させる燻製（→P227）も楽しむことも可能。調理バリエは蓋なしよりも多い。

CHECK **2**
蓋つきのものは構造上、脚つきよりも収納がかさばる傾向があるのが欠点。

BBQの本場アメリカでも蓋つきが主流。肉も野菜もジューシーに仕あげられる。

— BBQ GRILL —

BBQグリルの種類と選び方

BBQグリルは種類も豊富。楽しみ方がグループなのか
ソロなのか、キャンプスタイルでも変わってきます。で
きる調理の選択肢も踏まえて、自分の使い方にマッチす
るものを選びましょう。

── BBQグリルの種類 ──

脚つきタイプ

142ページでも紹介した脚つき
タイプ。野外では物が散らかって
いて探すのも大変なので、立って
調理できたほうが楽な場面もしば
しばある。脚つきは大人数で立食
BBQを楽しむのに適しているだ
ろう。半分を網、半分を鉄板にで
きるなど、使い方のアレンジがで
きるものも優秀だ。

蓋つきタイプ

蓋つきタイプは蒸し焼きや燻製ができるのが魅力。脚つきで蓋つきタイプもあるが、かなりかさばるため車で持ち運ぶというより庭に常設するものと考えたほうがいいだろう。なかにはガスを使うタイプもあるが、お値段もそれなりにするので、購入する場合は十分に検討したい。

卓上タイプ

ソロキャンプのテーブルの上でも使うコンパクトサイズのBBQグリル。1人焼肉、炭火焼き鳥などを楽しめる。炭の継ぎ足しを頻繁に行わなければならない手間もあるが、そうした手間も楽しんで、1人の世界に浸れるのも魅力。オプション品などを追加購入して、自分なりの楽しみ方を見つけてみよう。

———— セットで使いたいアイテム ————

鉄板は汎用性の高いものを

BBQグリル専用の鉄板もあるが、そのBBQグリルでしか使いにくいのが欠点。荷物はかさばるが、別途で鉄板を持っていれば、BBQグリルではもちろん、焚き火やガス火でも単体で使うことができる。厚さもサイズも好みで選べるメリットも。大きめのヘラがあると、調理も後片づけも楽になる。できれば2つ欲しい。

ドーナツみたいな見た目がかわいい！

りんごの豚バラ巻き

(#豚肉) (#フルーツ) (#おつまみ)

材料（2人分）

りんご … 1/2個

豚バラ肉（薄切り）… 400g

クリームチーズ … 大さじ2

たれ

しょうゆ、みりん、酒 … 大さじ2

作り方

1 りんごは輪切りにして芯をくり抜き、リング状にする。

2 りんごの断面にクリームチーズをぬり、豚肉をりんごに巻きつける。

3 豚肉に火が通るまで焼き、たれの材料を加えて絡める。

1

2

シェフのひとこと

火が通りやすいように、薄切りの豚バラを巻いて。
さっと焼くと、りんごがシャキシャキに仕あがっておいしい。

歯ごたえがよくて甘いりんごと、
豚肉の相性が抜群！

147

炭火で焼くとフライパンより旨味がUP！

キャンプのディナーで食べたい

ラムチョップのプルーンソース

15 min

#羊肉 #豪華 #骨つき肉 #フルーツ

材料（2人分）
ラムチョップ … 2本
塩、こしょう … 適量

ソース
プルーン（みじん切り）… 5粒
しょうゆ … 大さじ1
赤ワイン … 大さじ2

作り方

1 ラム肉は常温に戻し、塩、こしょうをする。強火でさっと炙ったあと、弱火で片面3〜5分程焼く。アルミホイルに包み、少し寝かせる。

2 ソースの材料を混ぜて加熱し、とろみがついたら火を止める。

シェフのひとこと ＞ ワイルドな骨つき肉にチャレンジするなら、実はラム肉が簡単！

半分に切ったさつまいもが生地に
さつまいもピザ

（#簡単）（#ピザ）

材料
さつまいも … 1本 　 ピーマン … 1/2個
ピザソース … 適量 　 ピザ用チーズ … 適量
ミニトマト … 2個 　 バジル … 2枚

作り方
1 さつまいもは縦半分に切る。濡らしたキッチンペーパーに包んでからアルミホイルで巻き、グリルで焼く。
2 中まで柔らかくなったら、断面にピザソースをぬり、半分に切ったトマトや輪切りのピーマン、チーズをのせてグリルで焼く。
3 表面をガストーチで炙ったら、バジルをちぎってのせる。

子どもと一緒に
楽しく作れる！

お手軽なおやつやおつまみに
みたらし肉巻き

（#豚肉）（#おやつ）（#おつまみ）

材料
みたらし団子 … 3本
豚バラ肉 … 100〜130g
塩、こしょう … 少々
七味唐辛子 … 少々

作り方
1 みたらし団子に豚肉を巻く。
2 塩、こしょうで味をつけ、グリルで焼く。
3 肉に火が通ったら、七味唐辛子をふる。

クセになる甘じょっぱさで
お酒も進みます！

豚ひき肉でも、
もちろん作れます！

70
min

BBQ、燻製、ボイルの3通りで味わう！

猪肉ソーセージ

#ジビエ #燻製

#60分以上

材料（4人分）

A
- 猪ひき肉 … 1200g
- にんにく（みじん切り）… 3片
- 玉ねぎ（みじん切り）… 1/2個
- 氷水 … 200㎖
- 塩 … 15g
- 砂糖 … 10g
- 黒こしょう … 適量

羊腸（ソーセージケーシング）… 適量
ヨモギの葉 … 適量
粒マスタード … 適宜

作り方

1 ボウルにAの材料をすべて入れよくこねる。このとき、こねすぎてミンチが手の温度で温まらないように注意。

2 羊腸を水で戻す。

3 ソーセージ用の絞り袋で羊腸に1を入れる。あまりパンパンに入れると破裂してしまうため、8割くらいに詰める。

4 適当な長さでねじる。このとき気泡が入っていれば金串で空気を抜く。

5 鍋に水を入れ、塩（1ℓの水に10g）とヨモギの葉を入れ、水からソーセージを茹でる。70度くらいの温度になるように、弱火で加熱する。

6 火を止め、そのままソーセージを冷ます。

7 6のままでも食べられるが、燻製にしたり、BBQで焼いたりと楽しめる。

シェフのひとこと ソーセージは自宅で作っておいて、キャンプでは焼くだけにしても◎。

にんにくと一緒に
焼くとおいしい！

 15 min

釣った魚を上品にいただく！
ニジマスのハーブグリル

#魚介　#ハーブ
#簡単

材料
ニジマス … 2尾
にんにく（薄切り） … 1片
タイム、ローズマリー … 適量
塩、こしょう … 適量

作り方
1 ニジマスはお腹を開けて内臓をとり出してよく洗う。
2 お腹ににんにくとタイム、ローズマリーを詰め、塩を
　ふって焼く。
3 焼きあがったらこしょうをふる。

2

シェフのひとこと 〉 ハーブがうまくお腹におさまらないときは、爪楊枝を刺してとめましょう。

20 min

貝類の最強のおいしい焼き方!

海鮮 BBQ

#魚介 #豪快 #おつまみ

材料（4人分）
サザエ、ホタテ、2枚貝 … 適量
酒醤油（酒と醤油を1:1で混ぜたもの）… 適量
バター … 適量

作り方
〔サザエ〕
1 貝の蓋を上向きにして、グリルにのせる。
2 蓋の周りからフツフツと汁が出てきたら、サザエの身を金串で半分ほど抜きとり、戻す。
3 酒醤油を入れて再沸騰させる。
〔ホタテ〕
1 平らなほうを下にして、グリルにのせる。

2 口が開いたら、上下を逆にして、平らなほうの殻を外してバターを入れる。
3 バターが溶けて、貝柱が外れたら身をひっくり返して酒醤油を入れ、フツフツと沸いてきたらもう一度身を返して、再沸騰させる。
〔2枚貝〕 ※写真はホンビノス貝
1 上下どちらからでもいいので、焼きはじめる。
2 口が開いたら上下を逆にして、上の殻を外し、外した殻で汁がこぼれないように固定する。
3 フツフツと沸いてきたら身をひっくり返し（身がはずれない場合はもう少し加熱する）、酒醤油を入れて再沸騰させる。

サザエは真ん中に金串を刺して、蓋側から抜きとる。ホタテは先に焼いたほうの貝柱が外れるので、平らなほうを先に焼き始める

シェフのひとこと｜2枚貝は加熱された側の貝柱が外れて口を開けるので、外れたタイミングで上下を入れ替える。

カリカリバゲットにしらすの味がたっぷり染み込む

しらすのオイル煮

#魚介 #パン

材料(4人分)
釜揚げしらす … 100g
オリーブ油 … 100㎖
玉ねぎ(みじん切り) … 1玉
にんにく(みじん切り) … 1片
ローリエ … 1枚
黒オリーブ … 50g
フライドガーリック … 20g
白ワイン … 50㎖
ナンプラー … 大さじ1
バゲット … 適量

作り方
1 スキレットにオリーブ油を熱し、玉ねぎ、にんにく、
 ローリエを弱火～中火で15分程炒める。
2 玉ねぎが透き通ってきたら、黒オリーブとフライド
 ガーリックを入れひと混ぜし、全体がなじんだら白ワ
 インを入れ5分程軽く煮詰める。
3 汁気がなくなってきたらナンプラーで味つけをして、
 釜揚げしらすを入れて全体をなじませる。
4 火からおろし粗熱をとったら保存瓶に入れ、しらすが
 十分浸るまでオリーブ油を入れる。
5 バゲットをお好みの厚さにカットして炭火で焼き、し
 らすをのせる。

2日目以降が、味がなじんでよりおいしいです!

シェフのひとこと 保存の際は、しらすがオリーブ油にすべて浸るように継ぎ足して。

ホタテやタコ、つぶ貝、牡蠣など季節のおいしい魚介を試してみて!!

魚はイワシやサバなどの旬の青魚を使うとGOOD！

15 min

昆布の上だから焦がす心配なし！
魚介の昆布焼き

#魚介 #簡単 #スピードメニュー

材料（4人分）

A ┌ むきエビ … お好みの量
  └ イカ … お好みの量
乾燥昆布 … 2枚
わさび … お好みで

作り方

〈仕込み〉

・イカを一口大に切って密閉袋に入れる。
・乾燥昆布を水にさっと浸して戻しておく。

〈現地調理〉

1 焼き網にアルミホイルを敷き、仕込みの戻した昆布をのせる。
2 昆布の上にAを並べ、火が通るまで両面焼く。わさびを少しつけてもおいしい。

35 min

旨味を閉じ込めるホイル焼き
アジの香草焼き

#魚介 #アルミホイル #おつまみ

材料（2人分）

アジ … 2尾
マスタード … 適量
A ┌ パン粉 … 20g
  │ パセリ（みじん切り）
  └ … 5g

パルミジャーノチーズ … 20g
A ┌ ガーリックパウダー … 3g
  └ オリーブ油 … 小さじ1

作り方

1 アジを3枚におろす。
2 Aの材料をすべて混ぜ合わせる。
3 1のアジそれぞれ全体にマスタードを薄くぬり、2をまぶす。
4 アルミホイルに包み、5分程火にかける。
5 ホイルに包んだままひっくり返す。火が通ったら完成。

チーズが溶けにくかったら、
ガストーチで炙っても!

20 min

アルミホイルさえあれば作れる!
お手軽マルゲリータ

アルミホイル) (# ピザ)
ファミリーキャンプ) (#30分以内

材料（4人分）
ピザ生地（市販）… 適量
トマトソース … 適量
モッツァレラチーズ（ピザ用チーズでも可）
　… 適量
バジル … 適量
オリーブ油 … 適量

作り方
1 アルミホイルを2枚大きめに広げ、1枚に生地がくっ
　つかないよう油をぬっておく。
2 クッキングシートの上にピザ生地を広げ、アルミホイ
　ルの横幅よりも一回り小さい大きさに整える。フォー
　クで数カ所穴を開けたら、油をぬっていないアルミホ
　イルにクッキングシートごとのせる。
3 生地のふちを1cm程残してトマトソースをのばし、
　チーズを散らしてバジルをちぎってのせる。
4 もう1枚のアルミホイルは油をぬった面を内側にして
　生地にかぶせ、2枚のアルミホイルのふちをおさえて
　閉じる。
5 グリルに4をのせて5分程焼く。

シェフのひとこと　グリルで焼く場合は上火がない分生地に火が通りにくいので、
　　　　　　　　　ピザ生地は2〜3mm程度と薄めにのばし、アルミホイルで包みます。

香ばしく焼けたしょうゆの香りが
魚介に移り、たまらない風味に！

マグロテールは魚屋でゲットして
ハーブソルトが味のポイント

15 min

七味のピリ辛がアクセント
漁師焼き

#魚介 #簡単

材料（2人分）
イカ … 適量
むきエビ … 適量
しょうゆ … 適量
七味唐辛子（あれば黒七味）… 適量

作り方
1 しょうゆに七味を入れて軽く混ぜる。
2 1に魚介類をくぐらせ、グリルにのせる。
3 焦げないように小まめに上下を返し、こん
　 がりと焼き色がつくまで焼く。

15 min

魚さばき不要！　マグロで豪快 BBQ
マグロテールステーキ

#魚介 #簡単 #豪快

材料（4人分）

マグロテール … 4切れ	A	玉ねぎ（薄切り）
こしょう … 適量		… 1/4玉
ハーブソルト … 適量		しょうゆ、水、酒
A	にんにく … 1片	… 100㎖、
	しょうが（薄切り）	みりん … 50㎖、
	… 1片	

作り方
〈仕込み〉
マグロテールの両面にこしょうとハーブソル
トをかけてなじませ、密閉袋にAとＡと一緒に
入れて味をなじませておく（6時間以上）。
〈現地調理〉
1 焼き網にアルミホイルをのせ、その上に
　 マグロテールをのせて両面を焼く。
2 身が白くなり、中に火が通るまで焼く。

156

70 min

塩釜をハンマーで割る快感
タイの塩釜焼き

(#魚介) (#60 分以上)

材料（4人分）
タイ … 1尾
塩 … 500g
卵白 … 1個分

作り方
1 ボウルに卵白と塩を入れて混ぜる。
2 ダッチオーブンにアルミホイルを敷き、その上に**1**を敷いてタイを置く。
3 タイ全体を塩で均一に包み、形を整え蓋を閉める。
4 **3**をグリルにのせ蓋の上にも炭をのせて上下強火で約60分加熱する。塩の表面が固まったら、塩を割ってタイをとり出す。

時間が経つとしょっぱくなるので、できあがったらアツアツのうちに！

ソースにしょうゆやみそを入れても合いますよ

 15 min

オリジナルソースで BBQ に一工夫！
エビの串焼き

(#魚介) (#エスニック) (#ソース)

材料（4人分）
エビ … 20尾
にんにく（みじん切り）
　… 1片
オリーブ油 … 適量

ソース
白練りごまペースト
　… 大さじ2
レモン汁 … 大さじ1
塩 … 1つまみ
パクチー … 少量

作り方
1 エビの皮をむき、串に刺す。
2 容器にオリーブ油とにんにくを入れて混ぜ、ハケでエビ全体にぬる。
3 グリルでエビの両面を焼く。
4 ソースの材料をすべて混ぜ、エビをディップしていただく。

スウェーデンでは定番のロムソースでさわやかな味に

サーモングリルロムソース添え

#魚介 #北欧

#おつまみ

材料（4人分）
サーモン（切り身）… 4切れ
塩、こしょう … 小さじ1
ローズマリー … 適量
サラダ油 … 適量

ソース
ディル（みじん切り）… 適量
サワークリーム … 100g
とびっこ … 大さじ2
ライム果汁 … 小さじ1
粗挽き黒こしょう … 適量

作り方
〈仕込み〉
・サーモンに塩、こしょうをふり、ローズマリーと一緒に密閉袋に入れ、冷蔵庫で一晩置く。
・ソースの材料をすべて混ぜ、一晩置く。

〈現地調理〉
1 グリルの表面に油をぬり、仕込みのサーモンを両面焼く。
2 サーモンが焼けたら皿にとり、ソースを添えていただく。

ロムソースはとびっこ以外の魚卵（すじこなど）でもOK

シェフのひとこと ＞ サーモンのかわりに、白身魚にしてもよく合いますよ。

30 min

ひと口サイズが食べやすい！

スタッフド野菜のBBQ

#野菜　#ファミリーキャンプ

材料（4人分）
マッシュルーム … 4個
ミディトマト … 4個
なす … 1本

A
┌ カッテージチーズ … 200g
│ ベーコン … 50g
│ フライドオニオン … 大さじ2
│ レモンマーマレードジャム
│ 　 … 小さじ2
│ パセリ（みじん切り） … 適量
│ ハーブソルト … 適量
└ 粗挽き黒こしょう … 適量

作り方
1 Aの材料をすべて混ぜ、ディップを作る。
2 マッシュルームは軸をとる。
3 トマトはヘタの部分を輪切りにしてとり、中をくり抜く。
4 なすは4つに輪切りし、皮（底も）を残して中をくり抜く。
5 2、3、4それぞれに1を詰める。
6 トマトはアルミホイルで包み、5をBBQグリルで焼く。蓋つきのBBQグリルでない場合は、金属製のボウルなどで蓋をする。

> ピーマンやカブなど、さまざまな野菜で楽しめます（トマトはマッシュルームくらいの大きさがおすすめ）

シェフのひとこと ＞ 残ったなすや野菜をくり抜いて出た中身は、オムレツの具などにぴったりです。

杉板は2時間程
水につけてから使って

15 min

サーモンと杉の香りが上品に漂う
サーモンの杉板焼き

#魚介 #北欧 #簡単

材料（4人分）
サーモン（切り身）
　… 400g
レモン（輪切り）
　… 1/2個
塩、こしょう … 少々
タイム … 1枝

1

作り方
1 塩、こしょうをふったサーモンを杉板にの
　せて、その上にレモン、タイムをのせる。
2 あらかじめ温めておいたグリルにのせて
　10分程焼く。

40 min

スウェーデン生まれのお手軽レシピ！
ハッセルバックポテト

#北欧 #簡単 #アルミホイル

材料（4人分）
じゃがいも … 4個　　塩 … 適量
オリーブ油 … 適量　　ローズマリー … 適量

作り方
1 じゃがいもをよく洗い、芽をとる。端から
　幅2mmごとに切れ目を入れる。下がつな
　がったままの状態になるように切る。
2 アルミホイルにじゃがいもをのせ、油、塩
　をかけ、ローズマリーをのせてアルミホイ
　ルを閉じる。
3 炭の近くに約30分程置いて火が通るまで
　焼く。

切れ目にチーズやベーコンなど
いろいろな食材を挟んでも！

大葉とポン酢でさっぱりと

サバと大葉のパスタ

30 min

(#魚介) (#麺類) (#ランチ)

材料（2人分）
塩サバ … 1枚
パスタ … 100g
大葉 … 3枚
ポン酢 … 適量
塩 … 適量

作り方
1 サバを炭火焼きにして、食べやすい大きさにほぐす。大葉は適当なサイズにちぎる。
2 鍋で表示通りにパスタを茹でる。
3 お湯を捨て水分をサッと切ったら、鍋にパスタを戻す。
4 1とポン酢を入れ、混ぜ合わせる。

残り野菜やきのこを
炭焼きにして入れても

貝のお皿でテンションUP！

ホタテのアヒージョ

15 min

(#魚介) (#簡単) (#アルミホイル)

材料（2人分）
ホタテ（殻つき） … 2個
オリーブ油 … 適量
にんにく（薄切り） … 適量
輪切り鷹の爪 … 適量
塩、こしょう … 適量

作り方
1 ホタテは殻を開けて身を外す。
2 貝殻に油、にんにく、身を入れてアルミホイルをかぶせて加熱する。
3 塩、こしょうで味を調え、唐辛子をのせる。

煮汁がこぼれやすいので
気をつけて！

15 min

もちもち食感のごはんがおいしい
イカ飯

（ #魚介 ）（ #ごはん ）（ #郷土料理 ）

材料（2人分）
イカ … 1杯
ごはん … 180g

A ┌ しょうゆ、みりん、酒
  │   … 大さじ1
  └ しょうが（すりおろし）… 10g

作り方

1 イカは内臓をとって洗い、ゲソは細かく切る。

2 鍋にAを入れて煮詰める。

3 ごはんにゲソと、2を大さじ1ほど混ぜてイカのお腹に詰め、端を爪楊枝でとめる。

4 BBQグリルでイカの両面をよく焼く。途中、Aの残りをイカにぬりながら、イカに火が通るまで焼く。

1

2

シェフのひとこと

ごはんを詰めすぎるとイカが破けることがあるのでごはんの量はイカのサイズに合わせてください。

イカの旨味と甘じょっぱいたれが
染み込んだごはんになります！

30 min

秋田の郷土料理きりたんぽをアレンジ！

BBQ ライスバー

#ファミリーキャンプ　#簡単

#郷土料理　#ごはん

材料（4人分）

青菜のふりかけ … 大さじ2

乾燥桜エビ … 大さじ2

ごま … 小さじ2

バター … 20g

ガーリックパウダー … 小さじ1

塩 … 少々

サラダ油 … 適量

お好み焼きソース … 適量

ごはん（温）… 2合

作り方

1 割り箸の2/3程の部分に油をぬる。

2 ごはんを半分にわけ、青菜のふりかけと桜エビ＋ごまをそれぞれに混ぜ、もちもちするまで潰す。

3 2をさらに半分ずつにし、4つに分けたものを1の油を塗った部分に握りつけていく。

4 3の表面にうすく油をぬり、グリルにのせて回しながら焼く。

5 バター、ガーリックパウダー、塩を混ぜ、4の青菜ライスバーにぬりながら焼く。

6 ほんのり焼き色がついたら食べごろ。桜エビのほうにはお好み焼きソースをぬる。

オリジナルのライスバーを開発しよう！

シェフのひとこと　色々なふりかけ、うめぼし、塩昆布、なめたけなど、ごはんに混ぜるものならなんでもあいます。バリエーションは無限大です。

みそ汁の新しい食べ方！
焼きトンみそ汁
20 min

（#豚肉）（#簡単）（#スープ）

材料（2人分）
豚バラ肉（ブロック）… 50g
長ねぎ … 6cm
ピーマン … 1/2個
こうじみそ … 大さじ2
水 … 300㎖

作り方
1 豚肉は食べやすい大きさに、ピーマンは半分に、長ねぎは3cm長さに切る。
2 竹串に1を順に刺してフライパンで焼き、一度とり出す。
3 鍋にお湯を沸かし、こうじみそを加えて混ぜたらみそ汁を作る。焼けた2を浸す。

バルセロナ名物のねぎ焼き！
カルソッツ風
15 min

（#アルミホイル）（#簡単）（#スペイン）

材料（2人分）
長ねぎ … 2本 　　　　トマト水煮缶 … 1缶（200g）
　　　　　　　　　　ピーナッツバター（無糖）
ソース 　　　　　　　　　 … 大さじ1
パプリカ（赤）… 1個 　酢 … 小さじ2
にんにく … 1片 　　　塩 … 適量

作り方
1 長ねぎはグリルに合わせて長めに切り、アルミホイルで包んで表面が焦げるくらいまで焼く。
2 パプリカは半分に切って種をとり、皮をむいたにんにくと一緒にアルミホイルで包んで焼く。
3 パプリカが柔らかくなるまで焼けたら皮をむく。

4 パプリカ、トマト水煮缶、にんにくをみじん切りにし、ピーナッツバター、酢、塩とよく混ぜてソースを作る。
5 1にソースをかける。

串を浸しながら食べる、風変わりなみそ汁です！

ホイルに包まずそのまま焼くワイルドな方法もあります！

かぼちゃを電子レンジで5分加熱しておくと、切りやすいです

少しずつ温度をあげていくと、玉ねぎの甘さを引き出せます！

15 min

火にかけて放置するだけ!
かぼちゃの丸焼き

(#豪快)(#アルミホイル)

材料(作りやすい分量)
かぼちゃ … 1個(2.5〜3kg)
ひき肉 … 150g

```
┌ ホワイトソース … 1缶
A  ピザ用チーズ … 適量
└ 塩、こしょう … 適量
```

作り方
1 ひき肉を炒める。
2 かぼちゃの上部を切り、種とわたをくり抜いて、アルミホイルに包む。蓋上部を下にしてグリルで焼く。
3 焼けたらひっくり返し、1とAを混ぜてかぼちゃの中に入れ、再度アルミホイルで包んで焼く。

15 min

シンプルだけどおいしい
玉ねぎのホイル焼き

(#簡単)(#アルミホイル)

材料(2人分)
玉ねぎ … 2個
かつお節 … 適量
バター … 10g
しょうゆ … 適量

作り方
1 玉ねぎは皮のまま十字に切り込みを入れる。
2 切り込みにバターを半分ずつ入れ、アルミホイルに包み、グリルで焼く。
3 火が通ったらかつお節としょうゆをかける。

焼いた際、おにぎりが崩れない
よう少しかために握ると◎

みそ焼きおにぎり
いわし節の香ばしさ！

40 min

朝ごはん
簡単

材料（4人分）
ごはん … 2合
いわし節 … 1/3袋
しょうゆ … 大さじ4～5
A
 ┌ しょうゆ … 適量
 │ 砂糖 … 適量
 └ みりん … 適量
B
 ┌ みそ … 適量
 │ コチュジャン … 適量
 │ 砂糖 … 適量
 │ みりん … 適量
 │ 白いりごま … 適量
 └ ごま油 … 適量
大葉、のり … 適宜

作り方

1 ごはんにいわし節としょうゆを混ぜておにぎりを握り、網で焼く。

2 ひっくり返したら、たれをぬる。お好みで大葉、のりをのせる。

Aしょうゆだれ
しょうゆ1：砂糖1：みりん2の割合で混ぜ、火にかけて煮詰める。

B辛みそ
みそ2：コチュジャン0.5：砂糖1：みりん2の割合で混ぜ、火にかけて煮詰めたら白いりごま1とごま油を加える。

シェフのひとこと 〉 いわし節はかつお節でもOKです！

くり抜いて詰める作業も楽しい！
スタッフドバゲット

15 min

パン　# おやつ　# 簡単

材料 (作りやすい分量)
フランスパン … 1本
じゃがいも … 2個

A
┌ ピザ用チーズ … 10g
│ にんにく(すりおろし) … 1片
│ ミックスドライフルーツ
│ 　　… 適量
│ 粒マスタード … 小さじ1
└ 塩 … 適量

作り方
1 パンは3等分に切り、中をくり抜く。くり抜いた中身は細かく刻む。

2 茹でたじゃがいもを潰し、1の中身、Aを入れて混ぜ、パンに詰める。

3 アルミホイルで包み、回転させながら5分程焼く。食べやすい厚さに切る。

> 水分が少ないものなら
> 具材は何を詰めてもOK！

シェフのひとこと ＞ フランスパンは柔らかくて太めのものがくり抜きやすくておすすめ。

15 min

中部地方の伝統料理を BBQ で！

五平餅

#ごはん #おやつ
#郷土料理

材料（2人分）
ごはん（温）… 180g
くるみ … 大さじ1
┌ すりごま … 小さじ1
│ みそ … 大さじ1
A 砂糖 … 小さじ2
│ しょうゆ、みりん、酒
└ … 大さじ1

作り方
1 ポリ袋に温かいごはんを入れ、粒がなくなるまで指でもみ潰す。
2 1を半分にして、割り箸を包むように小判型に整え、グリルで両面を焼く。
3 ポリ袋にくるみを入れ、叩いて細かく砕く。
4 フライパンに3とAを入れて加熱し、よく練る。
5 2に4をぬって、両面を焼く。

甘じょっぱいたれと
もっちりごはんがクセになる！

シェフのひとこと 割り箸が焼けないように注意しましょう。
みそはどんな種類でもいいですが、塩分の多いものがおすすめです。

169

PART 5
BONFIRE

焚き火

キャンプをするなら必ずやりたい焚き火。
ただ火を眺めているのも素敵な時間です。
でも、せっかくそこに熱源があるのなら、
調理に使わないのはもったいない！
火力調整など難しいし、後片づけも大変ですが、
キャンプでしかできない調理にチャレンジしましょう！

───── BONFIRE ─────

焚き火料理の基本

ほとんどのキャンプ場では、焚き火台を使用しなければならないため、焚き火台はマストアイテムです。直火で焚き火ができる場所もありますが、方法を間違えると、環境に負担をかけてしまいます。最低限のマナーをおさえましょう。

───── **焚き火台の特徴** ─────

適した料理

【 焼く 】

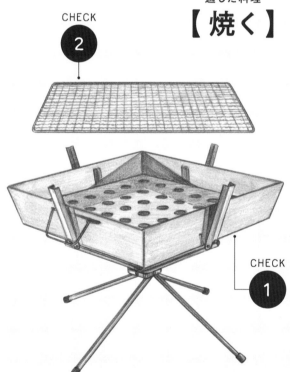

CHECK **2**

CHECK **1**

道具と組み合わせれば多様な調理が可能

焚き火台単体では焚き火をすることしかできないが、網を設置したり、トライポッド(→P99)を設置したりすることで、さまざまな調理ができるようになる。もちろん、それらがなくても、アルミホイルで包んだじゃがいもやさつまいもなどを焚き火の中に入れるだけでもおいしい一品となる。工夫次第でなんでもできるのが焚き火のよさだ。

CHECK **1**
薪を置く火床。水平のものや三角錐状のものなど種類はさまざま。薪の置き方次第で工夫できる。

CHECK **2**
専用の網などを設置することのできる焚き火台が主流。BBQグリルが下火になったのはこのため。

調理で使う際の使い勝手はBBQグリルとほぼ同じ。網を外すと焚き火ができるシンプルなものだが、さまざま特徴を備えた焚き火台も多い。

環境を考慮して焚き火をしよう

焚き火をする際は、行なう環境への配慮が必要です。芝生のキャンプ場では、焚き火台を使用したとしても芝生が焦げてしまいます。焚き火の下に薪を敷く、難燃シートを使うなどして芝生に熱が伝わらないようにしましょう。また、風の強い日や秋冬に落ち葉が広がっている環境では、延焼に備えて大きな炎をあげないよう注意しましょう。

直火で調理する場合

創造性が試される

川沿いのキャンプ場などでは直火での焚き火が認められているところもある。そうした環境では積極的に直火での焚き火を楽しんでみよう。人間としての知恵と工夫、創造性が磨かれるはずだ。石を組み合わせてかまどを作ったり、薪を土台にして網を渡してBBQグ

リルのようにしたり、アイデア次第で楽しみ方は無限だ。

ただし、直火での焚き火は後始末が重要。やりっぱなしで炭などを放置してしまうと環境にも景観にもよくない。キャンプ場のルールに従って、きちんと後片づけをしよう。

BONFIRE

焚き火調理の際に使いたい道具

前述のとおり、焚き火で調理をする際はさまざまアイテムを駆使するのがおすすめです。そもそもの焚き火をコントロールするためにも道具が必要ですから、焚き火台と合わせて揃えていきましょう。

調理補助アイテム

パッカーズグリル

直火の際、石や薪に渡して鍋などを置けるアイテム。軽量でかさばることもないので、どこかに忍ばせておくと焚き火調理が楽しめる。

ケトル

焚き火は常に熱源がある状態なので、その熱源をもれなく利用するためにも、ケトルでお湯をキープしておこう。キャンプでお湯は重宝する場面が多い。

クッカースタンド

焚き火の中に設置して、鍋やフライパンを置くことができるアイテム。そのまま食材を置いて焼くこともできる優れものだ。

焚き火フォーク

先端にソーセージやマシュマロを刺して、焚き火の熱で食材を焼くアイテム。長ければ長いほど安全に行える。串は大きめの肉を刺して網の上で焼くのに使う。

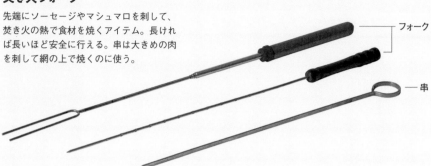

フォーク

串

火力調整アイテム

火ばさみ

薪や炭をつかんで位置を調整する火ばさみ。ステンレスのトングなら手軽に購入できるが、熱で変形することもあるので、丈夫なものを選ぼう。

火吹き棒

焚き火に空気を送り込んで火力をアップさせるアイテム。吹いて空気を送り込む中空のパイプや、ポンプ式で風を送れるアイテムなど豊富。うちわは風で灰が舞うため、調理時は不向き。

グローブ

薪の操作はもちろん、熱くなったフライパンやダッチオーブンを持つ際に手を守るグローブは、キャンプで欠かせないアイテム。軍手よりも革製のほうが便利で安全だ。

40
min

意外にも相性のよい組み合わせ！
パイナップルハンバーグ

(# フルーツ)　(# 鉄板)

材料（4人分）
```
┌ 合びき肉 … 400g
│ 玉ねぎ（みじん切り）
│   … 1/4個
│ にんにく（すりおろし）
A    … 1片
│ しょうが（すりおろし）… 5g
│ 卵 … 1個
│ ナツメグ … 少々
└ 塩、こしょう … 少々
パイナップル（缶詰）… 4個
```
ソース
ケチャップ … 大さじ2
しょうゆ … 大さじ1
こしょう … 少々

作り方
1 ポリ袋にAを入れてよくもみ、4等分に分けて丸く成形する。
2 1の上にパイナップルをのせて押し、鉄板（またはフライパン）で焼く。
3 肉に火が通ったら、ソースの材料を加えて加熱し、ハンバーグに絡める。

2

シェフのひとこと　┃　成形するときは、パイナップルをしっかり
　　　　　　　　　┃　お肉に押しつけて。

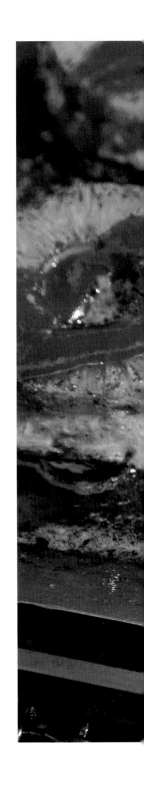

ジューシーな甘酸っぱさが
ハンバーグの旨味とマッチ！

直火の際は焦がさない
よう火加減に注意！

20 min

香ばしいバンズがポイント
焚き火バーガー

#牛肉   #パン

#ベーコン

材料（2人分）
牛ひき肉 … 200g
にんにく（みじん切り）… 1片
玉ねぎ（みじん切り）… 1/2個
マッシュルーム（みじん切り）… 80g

A ┌ サラダ油 … 大さじ1
  │ 塩 … 適量
  │ ナツメグ（粉末）… 適量
  │ クローブ（粉末）… 適量
  └ 黒こしょう（粉末）… 適量

卵 … 1個
パン粉 … 20g
牛乳 … 50㎖
バンズ … 2個
マスタード … 適量

レタス … 2枚
トマト … 2カット
ベーコン … 2枚
ケチャップ … 適量

作り方
1 フライパンに油（分量外）を熱し、にんにくを炒める。香りが出てきたら、玉ねぎ、マッシュルームを入れ炒める。玉ねぎの色が変わってきたらフライパンからあげる。
2 ボウルにひき肉、A、卵、牛乳を浸したパン粉を入れ、全体が白くなるまでよくこねる。
3 フライパンに油（分量外）を熱し、**2**をバンズに合わせて成形する。片面を3分ずつ焼き、表面から肉汁が出てきたら火からあげる。ベーコンも一緒に焼く。
4 バンズを半分に切り、焚き火で軽く焼き色をつける。
5 焼きあがったバンズにマスタードをぬり、レタス、トマト、**3**の順でのせてケチャップをかける。

シェフのひとこと ＞ パテは、フライ返しを使って焼き色を確認しながら焼きあげましょう。

脂の少ない
赤身肉がおすすめ

 40 min

酸味のあるモウリョとの相性が抜群

シュラスコ風牛串

#牛肉　#ソース
#串

材料（4人分）
牛もも肉 … 600g
パイナップル … 100g
オールスパイス … 適量
塩 … 適量

A
- トマト … 1個
- 玉ねぎ … 1個
- ピーマン … 2個
- 青唐辛子 … 少量

白ワインビネガー … 100mℓ
オリーブ油 … 大さじ2
砂糖 … 適量
ブラックペッパー … 適量

作り方
1 牛肉を常温に戻し、一口大の大きさに切る。Aの食材をすべてみじん切りにする。
2 みじん切りした野菜と、白ワインビネガー、砂糖、オリーブ油を合わせてモウリョ（ソース）を作る。
3 牛肉にオールスパイス、塩をふり下味をつける。
4 パイナップルの皮をむき、大きめの四角に切る。
5 串に3と4を交互に詰めて刺す。
6 焚き火の上で串を回しながらじっくりと焼く。表面がこんがりと焼けてきたらブラックペッパーをふる。モウリョと、お好みでレモンや葉物野菜を添える。

シェフのひとこと ＞ シュラスコに欠かせないモウリョ。お肉と一緒にパンに挟んで食べてもおいしいですよ。

焚き火で豪快に焼くかぶりつきレシピ

30 min

スペアリブの焚き火グリル

#豚肉　#骨つき肉
#ソース

材料（4人分）

A ┌ 玉ねぎ … 1個 ／ にんにくチュー
　　ブ … 15g ／ しょうがチューブ …
　　15g ／ トマトケチャップ … 50g
　　／ しょうゆ … 大さじ3 ／ ウスター
　　ソース … 大さじ3 ／ マスタード
　　… 小さじ2 ／ はちみつ … 大さじ
　　2 ／ チリパウダー … 小さじ1 ／ 塩
　└ … 少々 ／ こしょう … 適量

B ┌ 塩 … 適量
　　オールスパイス … 適量
　└ 黒こしょう … 適量

豚スペアリブ … 500g
サラダ油 … 適量

作り方

1 玉ねぎをすりおろし、Aの食材をすべて混ぜ合
　わせ、塩で味を調えてソースを作る。

2 スペアリブを常温に戻し、Bを全体になじませ
　る。焼く30分前にAに漬け込む。

3 鉄板（またはフライパン）に油を熱し、スペアリ
　ブを焼く。片面3分ごとにひっくり返し、じっ
　くりと火を入れていく。

4 全体にこんがりと焼き色がついたら、漬けてい
　たソースをかけてさらに焼く。串や菜箸を刺し
　て肉汁が出てきたら火からおろす。

シェフのひとこと ＞ 事前に作って密閉袋などに漬け込んでおけば、現地では焼くだけで便利です。

イタリアのラムの串焼き!
アロスティチーニ

材料（1人分）
ラム肉 … 150g
クミン … 少々
にんにくチューブ … 適量
タイム（パウダー）… 適量
塩 … 小さじ1
パクチー … 適宜

作り方
1　ラム肉を一口大に切り、ポリ袋にクミン、にんにく、タイムと一緒に入れてよくもみ、塩で味を整える。
2　串に**1**を刺して焚き火でじっくりと焼く。
3　表面に焼き色がついたら火からおろし、アルミホイルで包んで5分程置く。お好みでパクチーを散らす。

クミンとパクチーが
羊肉の風味を引き立てる!

シェフのひとこと　＞　自宅で味つけしてから持っていくと当日は焼くだけ！

ロブスターから出る旨味が
お米に凝縮されます！

45 min

爽やかなレモンが香るインパクト抜群メニュー

丸ごとロブスターのパエリア

（# 魚介）（# ごはん）
（贅沢）（# パエリアパン）

材料（4人分）

ロブスター（解凍）… 2尾

A ┌ 玉ねぎ … 1/2個
  │ にんじん … 1/3本
  └ セロリの茎 … 1/3本

にんにく（みじん切り）… 1片

トマト水煮缶 … 1缶（200g）

B ┌ 水 … 1200〜1400mℓ
  │ サフラン … 10本
  └ コンソメ（顆粒）… 小さじ1

米 … 2合

オリーブ油 … 適量

レモン（8等分くし切り）… 1個

イタリアンパセリ … 適量

作り方

1 ロブスターを縦半分に切る。Aはみじん切りにする。イタリアンパセリは粗みじん切りにする。

2 パエリアパン（42cm）にオリーブ油を熱し、にんにくを炒めて香りが出たら、Aを炒める。

3 2に火が通ったらトマト水煮缶を入れ、トマトを潰しながら水分がなくなるまで煮詰める。

4 ロブスターは切った面を下にし、Bと入れてひと煮立ちさせたら、ロブスターをとり出す。

5 米を全体にまんべんなくふり入れて平らにならす。そのまま触らずに強火で5分加熱したあと、弱火で12〜15分炊く。

6 水分がなくなり米が見えてきたら、ロブスターをのせて強火で2〜3分加熱する。レモンを添えてイタリアンパセリをふる。

シェフのひとこと | お米を入れる前にしっかりとロブスターを煮詰めてだしをとるのがポイント。お持ちのパエリアパン（またはフライパン）のサイズに合わせて分量を調整してください。

薬味たっぷりでいただくのが
本場の高知流です

藁で豪快に炙る、高知発祥の伝統料理！

カツオの藁焼き

20 min

#魚介　#串
#豪快　#郷土料理

材料（4人分）
カツオ（皮つき）… 1柵
塩 … 適量
薬味 … 適量

作り方
1 カツオの皮目に扇形になるように金串を刺し、塩をふる。
2 焚き火台に藁をセットし火をつけ、煙があがったら、金串を持ったまま皮目から焼きはじめる。
3 皮目に焼き色がついたら裏返し、身もうっすらと色が変わる程度に炙る。
4 金串からカツオを外して、食べやすい大きさに切る。
5 盛りつけて、お好みの薬味を添える。

シェフのひとこと　火で炙るだけではなく煙でも燻すことで、香りがのってよりおいしくなります！

塩は思っている倍の量を
振っても大丈夫！

 20 min

キャンプ & BBQ の定番
アユの塩焼き

#魚介 #串
#簡単

材料（1人分）
アユ … 2尾
塩 … 適量

作り方
1 アユは表面をよく洗
　い、腹から肛門までで
　しごいてフンを出す。
2 キッチンペーパーで水
　気をふき、アユを曲げ
　ながら金串を刺す。
3 全体によく塩をふり、
　焚き火で焼く。

2

シェフのひとこと ＞ ぬめりが気になる場合は、全体に塩をざっともみ込んでから洗いましょう。

5 min

炙っているときの香りがたまらない！

炙りサーモンのマヨ丼

#魚介 #朝ごはん

#ファミリー #シェラカップ

材料（2人分）
ごはん … 1合
サーモン（刺身用） … 14切れ
大葉 … 5枚
マヨネーズ … たっぷり
しょうゆ … 小さじ1

作り方
1 大葉を細かく刻み、シェラカップでごはん
とよく混ぜる。
2 サーモンを焚き火で炙り、ごはんの上に盛
りつける。
3 マヨネーズとしょうゆをかける。

ガストーチがあれば、サーモンとマヨネーズをごはんにのせてからでも炙れます

ダッチオーブンの中で焼き上げるのもおすすめ！

25 min

レモンの風味がさわやか！

サーモンムニエル

#魚介 #簡単 #アルミホイル

材料（4人分）
サーモン … 2切れ

A ｜ 玉ねぎ（薄切り）
… 1/3個
ピーマン（薄切り）
… 1個
レモン（薄切り）…
1/2個

A ｜ にんじん（千切り）
… 1/3本
白ワイン … 小さじ1
クレイジーソルト
… 適量

作り方
1 アルミホイルにサーモンを並べ、クレイ
ジーソルト、白ワインをかける。
2 サーモンを覆うようにAをのせ、アルミ
ホイルで包む。
3 網に2をのせて、遠火で20分程焼く。

かつお粉を入れる
ことで屋台風に！

15 min

BBQ の定番料理を焚き火で豪快に！

焚き火焼きそば

#豚肉 #麺類
#ファミリーキャンプ

材料（2人分）

中華麺 … 2人分
焼きそばソース（市販）… 適量
カット野菜 … 1袋
豚細切れ肉 … 150g
塩、こしょう … 適量
湯 … 適量
サラダ油、紅しょうが、
青のり、かつお粉 … 適量
卵 … 2個

作り方

1 目玉焼きをあらかじ
  め作っておく。
2 フライパンに油を熱
  し、カット野菜を炒
  める。火が通ったら
  豚肉を入れ、塩、こ
  しょうで味を調えてとり出す。
3 フライパンに油を熱し麺を入れ、湯を入れてほぐ
  しながら炒める。
4 2を戻し入れてソース加えてよく混ぜ、最後にか
  つお粉をふって混ぜる。
5 お皿に盛り、紅しょうがと青のりをふって、上に
  目玉焼きをのせる。

シェフのひとこと　焚き火で作ると火力が強いので、麺や豚肉の焦げつきに注意！

豪快に混ぜてから食べるのが本場の食べ方！

40 min

3種の手作りナムルで楽しむ！
石焼きビビンバ

#牛肉 #韓国 #ごはん

材料（2人分）

牛肉（焼き肉用）
… 150g
塩、こしょう … 適量
ごはん … 300g
ごま油 … 少々
キムチ … 適量
卵黄 … 1個

ナムル①
にんじん … 1/3本
大根 … 1/5本
甘酢 … 適量

ナムル②
ほうれん草 … 1/2束
ごま油 … 小さじ1
にんにく（すりおろし）
… 少々
しょうゆ … 少々
ごま … 少々

ナムル③
もやし … 50g
ごま油 … 小さじ1
にんにく（すりおろし）
… 少々
しょうゆ … 少々
ごま … 少々

1 牛肉は塩、こしょうをふり、網焼きする。

2 にんじんと大根は千切りにする。ほうれん草は食べやすい大きさに切ってさっと
　茹でる。もやしは透明になるまで茹でる。

3 2にそれぞれの調味料を和えて混ぜる。

4 フライパンにごま油をぬってごはんを入れ、ナムル3種と牛肉、キムチをのせて
　焚き火で焼く。おこげができたら、卵黄をのせる。

シェフのひとこと 〉 焼けたら全体をよく混ぜて、フライパンに押しつけながら食べます。

焦げないように適度に回しますが、基本はほったらかしでOK！

60 min

春の食材を丸ごと味わう！
筍の丸焼き

#豪快 #簡単

材料（2人分）
筍 … 1本
木の芽 … 2g
A
├ 西京みそ … 大さじ2
├ みりん … 小さじ1
├ 砂糖 … 小さじ1
└ しょうゆ … 小さじ1

作り方
1 筍は茹でてアク抜きし、全体的に火が入るように薪の位置を調整しながら、皮ごと焚き火に入れて30〜40分程焼く。
2 木の芽を細かく刻み、Aとよく混ぜながら鍋でとろとろになるまで加熱する。
3 1に2をつけていただく。

シェフのひとこと 〉 皮が焦げるくらいに焼いて大丈夫。ホクホクに仕上がります。

20 min 上手に焼くには距離感が大事！
ソーセージパイ

(# パン) (# ファミリーキャンプ)

材料（2人分）
ソーセージ … 2本
パイ生地（市販）… 1枚

作り方
1 ソーセージを串 や割り箸に刺し、 細長く切ったパ イ生地で螺旋状 に包む。

2 焚き火で炙りな がら、パイ生地に火が通るまで焼く。

---

20 min にんにくにとチーズの掛け算！
チーズのホイル焼き

(# アルミホイル) (# チーズ)

材料（4人分）
にんにく … 2株　　　玉ねぎ … 1/4玉
ベーコン … 150g　　コンソメ … 適量
オリーブ油 … 適量　　ピザ用チーズ … 適量
　　　　　　　　　　小ねぎ … 適量

作り方
1 にんにくは皮をむき、ベーコンは短冊切り に、玉ねぎはみじん切りにしてアルミホイル で作った器に入れ、オリーブ油とコンソメを かけたら包んで焚き火で15分程加熱する。
2 シェラカップにチーズを入れ、とろけるま で加熱する。
3 1に火が通ったら、2を流しかけて小ねぎ を散らす。

焚き火に入れておくだけでできちゃう!

風味豊かな上品デザート
スパイス焼きりんご

#フルーツ #スパイス
#スイーツ

材料(2人分)
りんご … 1個
バター … 15g
クローブ(ホール) … 1個
シナモンスティック … 1本
メープルシロップ … 適量
ナツメグ(パウダー)、
　シナモン(パウダー) … 少々

作り方
1 りんごの芯をくり抜き、バターとクローブを芯の部分に詰めてシナモンスティックを刺す。アルミホイルで包み、焚き火の遠火に入れてじっくり焼く。
2 中まで柔らかくなったらアルミホイルを外し、ナツメグとシナモン、メープルシロップをかける。

シェフのひとこと 〉 バターと果汁がこぼれてしまうので、転がらないように焼いてください。

香ばしさがやみつきになる！

超簡単にカフェの味 !?
キャラメル焼きバナナ

`# フルーツ` `# スイーツ`
`# 簡単`

材料（2人分）
バナナ … 2本
グラニュー糖 … 大さじ2
ナッツ（砕く）… 少々

作り方

1 バナナの皮を半分むき、むいたところにグラニュー糖をまぶす。

2 むいた皮を戻してバナナをアルミホイルに包み、グラニュー糖をまぶしたほうを下にして、網の上にのせて焼く。

3 グラニュー糖が溶けて茶色くなったらひっくり返して反対側を軽く炙る。

4 火からおろしてナッツをふる。

シェフのひとこと ＞ グラニュー糖をまぶしたところは焦げやすいので注意！

15 min

どこか懐かしい香ばしさがクセになる！
手作りせんべい

#簡単　#おやつ

#ファミリー

材料（作りやすい分量）
米粉 … 50g
塩 … 少々
熱湯 … 50㎖
しょうゆ … 適量
青のり … 適量
桜エビ … 適量

作り方

1 米粉に塩と熱湯を少しずつ加えて箸で混ぜ、耳たぶの硬さになるまで手でこねる。

2 1を3等分し、ひとつに青のり、ひとつに桜エビを混ぜる。

3 それぞれを好みの大きさに丸めて潰し、網で両面を焼く。何も入れなかったせんべいには、しょうゆをぬる。

ひっくり返していると職人気分を味わえます！

シェフのひとこと ＞ 子どもも楽しみながら参加できます。いろんな味で作ってみて！

子どもでもできる！
べっこう飴作り

#簡単 #おやつ #ハーブ

材料（作りやすい分量）
砂糖 … 大さじ3
水 … 大さじ1/2
ハーブ … お好みで

作り方
1 おたまに水を入れ、砂糖を加えたら混ぜずにそのままおたまを焚き火にかける。
2 黄色く色づいてきたら、アルミホイルの上に1を流して飴を作る。
3 固まる前に爪楊枝やハーブをのせて、そのまま冷やし固める。

お好みの葉の形の
ハーブを楽しんで！

岩手県の伝承料理
豆腐田楽

#おやつ #郷土料理

材料（作りやすい分量）
木綿豆腐 … 1丁
A ┌ みそ … 大さじ3
  │ 砂糖 … 大さじ3
  │ 酒 … 大さじ2
  └ みりん … 大さじ2
木の芽 … 5枚

作り方
1 豆腐は熱湯で2分程茹でて、キッチンペーパーに包んで水切りする。
2 1を縦4等分に切り、割り箸などを刺して網の上で両面をこんがり焼く。
3 鍋にAを入れて練り、中火にかけてよく混ぜながら加熱する。

豆腐はしっかりと水気を
切ってから焼きましょう！

4 みそが重たくぽってりしたら火を止め、2にぬる。刻んだ木の芽をのせる。

PART 6
HOT SANDWICH MAKER

ホットサンド
メーカー

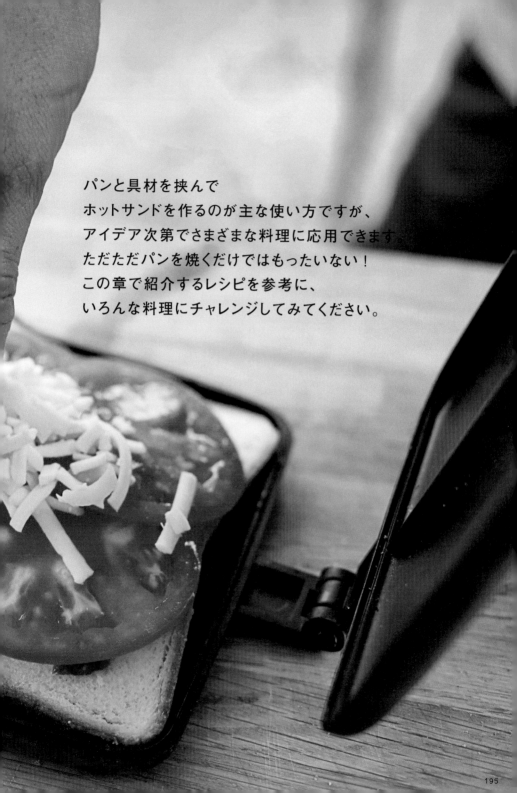

パンと具材を挟んで
ホットサンドを作るのが主な使い方ですが、
アイデア次第でさまざまな料理に応用できます。
ただただパンを焼くだけではもったいない！
この章で紹介するレシピを参考に、
いろんな料理にチャレンジしてみてください。

——— HOT SANDWICH MAKER ———

ホットサンドメーカーの基本

ホットサンドメーカーの基本的な使い方はパンを焼くことですが、楽しめるレシピはさまざまあります。カセットコンロで作るときと焚き火で作るときとでは、注意すべき点が異なりますので確認しておきましょう。

——— ## ホットサンドメーカーの特徴 ———

適した料理
【 焼く 】

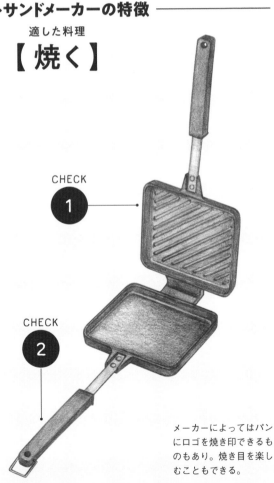

2枚の鉄板の
用途はさまざま

四角いフライパンのような形をした2枚の鉄板を重ね合わせることで、両面を火にかけられる道具です。基本的にホットサンド作りに使いますが、2枚あるので1枚を蓋のように使用して、食材を蒸し焼きにすることもできます。ハンドルが長く、バーナーに置いたときにバランスを崩しやすいので注意しましょう。

CHECK ❶
パンを挟むのが主目的なため鉄板部分に深さはないが、ちょっとした炒め物程度なら可能。

CHECK ❷
ハンドル部の素材は樹脂製や木材が使われており扱いやすいが、焚き火での使用は避ける。

CHECK
1

CHECK
2

メーカーによってはパンにロゴを焼き印できるものもあり。焼き目を楽しむこともできる。

割れ目があるタイプの利便性

ホットサンドメーカーによっては、中央に割れ目が入っているタイプがあります。これはホットサンドを焼いたときに、切りやすいメリットがあります。また、炒め物をするとき、例えば右側で目玉焼き、左側でソーセージを焼くなど、2品を同時に調理することもできて便利です。

── 焚き火向きホットサンドメーカーの特徴 ──

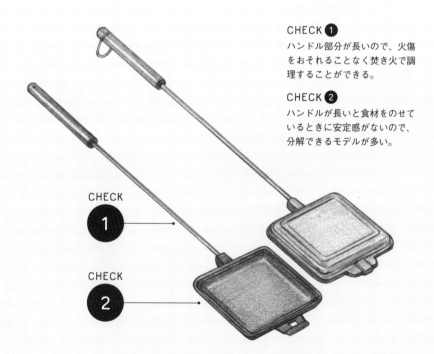

CHECK ❶
ハンドル部分が長いので、火傷をおそれることなく焚き火で調理することができる。

CHECK ❷
ハンドルが長いと食材をのせているときに安定感がないので、分解できるモデルが多い。

CHECK
1

CHECK
2

焚き火をしながらのんびり調理

ハンドルが長いホットサンドメーカーは、焚き火での調理に適しています。挟む食材が水気（汁気）のないものなら、多少斜めになってもこぼれる心配はないので、そのまま焚き火に放り込んで大丈夫。途中で開いて焼け具合を確認しながらひっくり返せばいいので、誰でも簡単に焚き火で調理できます。

─────── HOT SANDWICH MAKER ───────

ホットサンドメーカーの種類と選び方

ホットサンドメーカーはどれを選んでも使い道としては
大きく変わりませんが、商品によって使い方や持ち運び
方が変わってくるので、特徴を理解したうえでチョイス
するようにしましょう。

─────── **ホットサンドメーカーの種類** ───────

通常タイプ

食パンのサイズの鉄板が2
枚ある通常タイプ。焼き面
はフラットだが、フッ素樹
脂加工されていることが多
く、油がなくても焦げつき
の心配はない。

通常タイプ（切れ目あり）

サイズはほぼ同じだが、中央に切
れ目があり、ホットサンドができ
た際に切りやすくなっている。断
面を見せる場合は切れ目に対して
垂直にカットする。

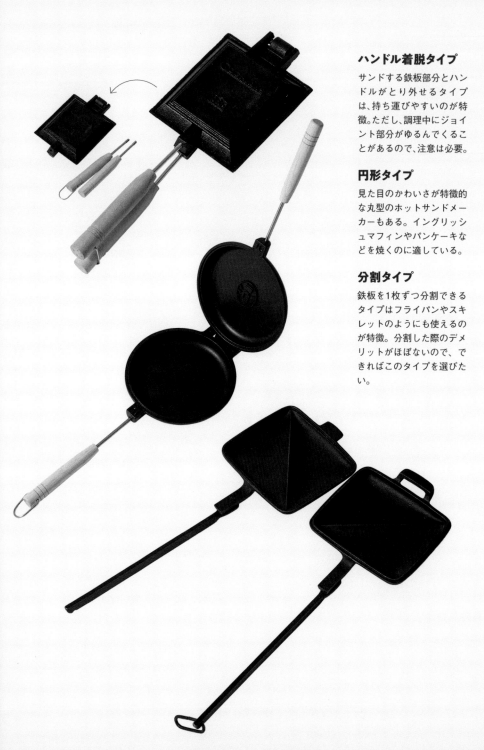

ハンドル着脱タイプ

サンドする鉄板部分とハンドルがとり外せるタイプは、持ち運びやすいのが特徴。ただし、調理中にジョイント部分がゆるんでくることがあるので、注意は必要。

円形タイプ

見た目のかわいさが特徴的な丸型のホットサンドメーカーもある。イングリッシュマフィンやパンケーキなどを焼くのに適している。

分割タイプ

鉄板を1枚ずつ分割できるタイプはフライパンやスキレットのようにも使えるのが特徴。分割した際のデメリットがほぼないので、できればこのタイプを選びたい。

キャンプだから特別豪華な
ホットサンドを堪能して！

 10 min

贅沢バターステーキとチーズを食パンに挟むだけ！

ステーキホットサンド

#牛肉 #ステーキ

材料（1人分）
牛ステーキ肉 … 1枚
食パン（8枚切り）… 2枚
ピザ用チーズ … 適量
バター … 10g
塩、こしょう … 適量

作り方
1 ホットサンドメーカーをセパレートの鉄板にし、片面にバターを入れて溶かす。牛肉を入れて両面を焼く。塩、こしょうで味を調える。
2 火が通ったら、肉をとり出し、食パンに残った肉汁を吸わせるように置く。
3 もう一方の鉄板でチーズを焼いて溶かす。
4 2の食パンの上に焼けた牛肉をのせ、3で溶かしたチーズをかけ、食パンで挟んでホットサンドメーカーを閉じ、両面が少し焦げるくらいに焼きあげる。

シェフのひとこと ＞ バターでステーキを焼くことで、風味も背徳感もすさまじいホットサンドに！

食パンの表面がカリッと
するまで焼きましょう

甘辛いプルコギを卵でマイルドに

トロたまプルコギホットサンド

#牛肉 #韓国

15 min

材料（2人分）
食パン（8枚切り）… 2枚
牛バラ肉 … 150g
玉ねぎ … 1/2個
プルコギのたれ（市販）
　　… 大さじ5（75g）
温泉卵 … 1個
白ごま … 大さじ1
小ねぎ … ひとつかみ
サラダ油 … 適量

作り方
1 牛肉は常温に戻しておく。玉ねぎはくし切りにする。
2 フライパンに油を熱し、玉ねぎを炒める。食べやすい大きさに切った牛肉を入れて炒め合わせる。
3 プルコギのたれを入れる。たれがなくなるまで煮詰めるように炒める。
4 食パンを1枚ホットサンドメーカーに置き、3、温泉卵、白ごま、小ねぎの順にのせたらもう1枚の食パンを重ね、両面焼く。

シェフのひとこと ＞ お持ちのホットサンドメーカーで挟みきれない場合は具の分量を調整してください。

名古屋風手羽先

30 min

アウトドアスパイスを使ってあの味を再現！

鶏肉　# スパイス

材料（4人分）

鶏手羽先 … 10本
薄力粉 … 50g
アウトドアスパイス … 適量
　（塩、こしょうでも可）

A
　みりん … 大さじ2
　酒 … 大さじ2
　しょうゆ … 大さじ2
　砂糖 … 大さじ2

サラダ油 … 適量

作り方

1　密閉袋に手羽先を入れ、アウトドアスパイスをふり
　よくもんで15分程置く。器に A を混ぜ合わせてお
　く。

2　1に薄力粉をまぶす。

3　ホットサンドメーカーの1/3深さまで油を入れて火
　にかけ、フツフツするくらい油が温まったら手羽先
　を3本入れ、ホットサンドメーカーの蓋を閉じて弱
　火で片面5分焼く。手羽先をひっくり返して蓋を閉
　じて反対側も弱火で5分焼く。

4　ホットサンドメーカーの余分な油をキッチンペー
　パーで吸い、混ぜた A を大さじ2入れて絡めながら
　焼く。アウトドアスパイスをお好みでふりかける。
　残りの手羽先も同様に揚げ焼きする。

> ホットサンドメーカーを
> ひっくり返さないように！

シェフのひとこと 〉 油が多すぎると溢れてしまうので、手羽先を入れる際に溢れそうだったら
一度油をキッチンペーパーなどで吸って量を調節してください！

20 min

ジューシーな手羽中でねぎを巻く!
手羽巻きねぎ

(#鶏肉)(#金串)(#おつまみ)

材料(2人分)
鶏手羽中 … 10〜14本　アウトドアスパイス
長ねぎ … 2本　　　　　… 適量
サラダ油 … 適量　　　（塩、こしょうでも可）

作り方
1 長ねぎを手羽中の幅に合わせて切る。
2 手羽中の内側に横に包丁を入れ、骨を抜く。
3 2で1を巻き、串に刺していく。
4 ホットサンドメーカーの両面に油をぬり、
　手羽中のを皮目を下にして並べる。
5 中火で5分程両面に焼き色がつくまで焼く。
6 お好みのアウトドアスパイスをしっかりめ
　にふる。

---

10 min

夏にぴったりのスタミナ料理
にんにくの芽の
豚バラ巻き

(#豚肉)(#おつまみ)(#簡単)

材料(1人分)
豚バラ肉(薄切り) … 9枚
にんにくの芽 … 3本
アウトドアスパイス … 適量

作り方
1 にんにくの芽を3等分にする。
2 豚肉を少し重なるように3枚×3セット並
　べ、にんにくの芽を豚肉の上にのせて巻い
　ていく。
3 ホットサンドメーカーで両面に焼き色がつ
　くまで焼き、アウトドアスパイスをかけ
　る。

キッチンばさみを使うと
手羽中の骨を楽にとれます

にんにくの芽は焼き加減に
よって味が変わりますよ

ちょこっとのせた
クリームチーズがアクセント！

 15 min　トマトの酸味とベーコンの塩味にお酒が進む！　　#豚肉　#おつまみ

ミニトマトの肉巻き串

材料（2人分）
ミニトマト … 12個
ハーフベーコン … 12枚
クリームチーズ … 40g
アウトドアスパイス
　… お好みで（塩、こしょうでも可）
サラダ油 … 適量

作り方

1 ミニトマトはヘタをとり、水洗いしたら水気を切る。クリームチーズは5mm〜1cm角のサイコロ状に小さく切る。

2 1のトマトをベーコンで巻きながら串に刺していく。

3 両面に油をぬったホットサンドメーカーに2を並べる。蓋を閉め、弱中火でじっくりと両面を焼く。

4 ベーコンに焼き色がつくまで焼いたら、火を止めてアウトドアスパイスをふりかける。

5 1のクリームチーズをのせ、お好みでガストーチで炙る。

シェフのひとこと ＞ 串は竹串だと焦げてしまうので、100均などで売っている鉄製のものが安心です！

豚の旨味と大葉のさっぱり感がマッチ
大葉とチーズの豚ロール

15 min

#豚肉 #チーズ #おつまみ

材料（2人分）

豚バラ肉（薄切り） アウトドアスパイス
　…8枚 　… 適量（塩、こしょうでも可）
大葉 … 10枚 薄力粉 … 適量
スライスチーズ … 4枚 サラダ油 … 適量

作り方

1 豚肉4枚を1セットにして、その上に大葉5枚、スライスチーズ2枚を置き、アウトドアスパイスをふる。端から巻いていき、爪楊枝などでとめる。これを2セット作る。

2 1に薄力粉をまぶし、油をぬったホットサンドメーカーに並べる。

3 弱中火で7〜10分、中に火が通るまで焼いたら、食べやすい大きさに切る。

隠れたチーズが香ばしい
厚揚げのベーコン巻き

15 min

#豚肉 #おつまみ #簡単

材料（2人分）

厚揚げ … 1.5枚 ブラックペッパー
ベーコン … 12枚 　… 適量
ピザ用チーズ … 30g 塩 … 1つまみ
　（スライスチーズでも可） サラダ油 … 適量

作り方

1 厚揚げを4等分し、真ん中に切り込みを入れて、中にチーズを詰める。

2 ベーコン2枚を十字に重ねて厚揚げを巻き、爪楊枝などでとめておく。

3 ホットサンドメーカーに薄く油をぬり、2を並べて弱火で10〜12分、裏返しながら両面を焼く。

蓋を閉じずにのせるだけにすると形を崩さず焼けます！

厚揚げは安いのにボリュームたっぷりだからコスパも抜群！

4 仕あげに塩をほんのちょびっとと、ブラックペッパーをたっぷりかける。

きんぴらにベーコンを入れてアレンジしてもおもしろい味になります！

絹豆腐の厚揚げで作るとトロトロの仕あがりに

ヘルシーな和風サンド
きんぴらラペサンド

#ヘルシー #ソロキャンプ

材料（1人分）
食パン（8枚切り）… 2枚
ごぼう、にんじん … 1/4本
ピーマン … 1個
しょうゆ、みりん … 小さじ1
ごま油、チーズ … 適量

作り方
1 ごぼう、にんじん、ピーマンを千切りにする。
2 ごま油で1を炒めてしんなりしてきたら、しょうゆとみりんを入れて水分がなくなるまで炒める。
3 食パンで2とチーズを挟んで蓋をし、パンに焼き色がつくまで両面を焼く。

10
min

おつまみにぴったりな焼くだけレシピ
厚揚げカレーサンド

#カレー #スピードメニュー

材料（2人分）
厚揚げ … 1枚
カレー … 大さじ2（缶詰やレトルトなどでOK）
パルメザンチーズ … 適量

作り方
1 厚揚げの表面にカレーをぬる。
2 ホットサンドメーカーに収まる大きさに切り、両面2分ずつ焼く。
3 皿に盛ったらパルメザンチーズをたっぷりかける。

失敗しないオムライスレシピ！

簡単チーズオムライス

15 min

＃簡単　＃ランチ　＃冷凍食品

材料（1人分）
バター … 10g
卵 … 3個
砂糖 … 大さじ1
チキンライス（冷凍）
　　 … 0.5合程
とろけるチーズ … 1枚
ケチャップ … 適量

作り方

1 ホットサンドメーカーでチキンライスを温める。加熱後は汚れをきれいにふきとっておく。

2 卵と砂糖をよく混ぜる。

3 ホットサンドメーカーを開いた状態で火にかけ、バターを5gずつ両面に入れる。

4 バターが溶けたら弱火にして卵を半量ずつ両面に流し込む。

5 片面の卵の上に**1**をのせ、その上にチーズをのせる。

6 **5**の上に、具をのせていないほうの卵をかぶせるようにホットサンドメーカーを閉じる。焼き色を見てひっくり返しながら焼く。

7 焼き上がったらケチャップをかける。

卵で包まなくても簡単に
オムライスができちゃいます

シェフのひとこと 〉 ファミリーキャンプで楽しんで作るのにおすすめ。

牛肉は少し濃いめの
味つけがおすすめです！

チーズがパリパリに
なるまで焼いて！

20 min

ごはんと牛肉がうれしい

焼肉ライスバーガー

#牛肉　#ランチ　#ごはん

材料（2人分）

牛こま切れ肉 … 50g　　焼肉のたれ … 適量
ごはん … 300g　　　　 サニーレタス … 1枚
ごま油 … 小さじ1　　　 マヨネーズ … 適宜

作り方

1 ホットサンドメーカーにごま油を熱し、牛肉を炒めて焼肉のたれで味つけし、火を止め一度皿にあげる。

2 ホットサンドメーカーが冷めたら、片面にごはんの半量を薄く敷き詰める。その上に**1**、ちぎったサニーレタスをのせ、残りのごはんを薄く全面にかぶせる。

3 ホットサンドメーカーを閉じ、ひっくり返しながら焦げ目がつくまで焼く。お好みでマヨネーズをつける。

10 min

香ばしいチーズと納豆が相性抜群！

納豆チーズおにぎり

#簡単　#朝ごはん

材料（2人分）

ごはん … 200g
納豆 … 1パック
お好みのチーズ … ひとつまみ
のり … 2枚
スライスチーズ … 4枚

作り方

1 ごはん、納豆、納豆のたれ、チーズをボウルに入れ、よく混ぜておにぎりを2つ作る（家で作っておいてもOK）。

2 おにぎりにのりを巻き、スライスチーズを両面に貼り、ホットサンドメーカーで両面3分ずつ焼く。

わさびは少し多めに入れると
全体の味が締まります！

サンマ缶を使ったお手軽ライスバーガー

15 min

わさび香るサンマライスバーガー

#缶詰 #ごはん

材料（2人分）
ごはん … 240g
サンマ蒲焼缶 … 1缶
キャベツ（千切り）… 適量
わさび … 適量
ごま油 … 適量

作り方

1 ホットサンドメーカーより少し大きめにアルミホイルを2枚切る。1枚をホットサンドメーカーに敷く。

2 その上にごはん半分→キャベツ→サンマ蒲焼（煮汁ごと）→わさび、残りのごはんをのせる。

3 もう1枚のアルミホイルをのせ、ホットサンドメーカーを閉じる。

4 弱火で両面に焼き色がつくまでひっくり返しながら焼き、両面にごま油をぬってさらに少々焼く。

シェフのひとこと ＞ 缶詰の煮汁も一緒にサンドすると、ごはんにも味が染み込みます。

209

基本の**お好み焼き**レシピ

お好みサンド焼き

15 min

#豚肉 #お好み焼き #簡単

材料（2人分）
豚バラ肉 … 90g
お好み焼き粉 … 1袋
水 … 150mℓ
卵 … 3個
キャベツ千切り … 300g（2袋）
揚げ玉 … 適量
紅しょうが … 15g
小ねぎ … 90g
サラダ油 … 適量
お好み焼きソース、マヨネーズ
　　… 適量
かつお節、青のり … 適宜

作り方
1 密閉袋にお好み焼き粉、水、卵を入れてよく混ぜる。
2 1にキャベツ、揚げ玉、紅しょうが、小ねぎを入れて混ぜる。
3 全体が混ざったら袋の端を5cm程切り、油をぬったホットサンドメーカーに生地を絞り袋のように入れて広げる。
4 生地の上に豚肉をのせ、ホットサンドメーカーを閉じて中火で両面各5分程ひっくり返しながら焼く。
5 ソースとマヨネーズをかけ、お好みでかつお節と青のりをふる。

> ホットサンドメーカーだから、ひっくり返しを失敗する心配もなし！

シェフのひとこと ＞ 密閉袋を使えば、洗い物が出ないのでキャンプでも楽にお好み焼きを作れます。

簡単絶品お好み焼き

ねぎ玉お好み焼き

15 min

#豚肉 #お好み焼き #簡単

材料（2人分）

豚バラ肉 … 50g
小ねぎ … 適量
お好み焼き粉 … 80g
水 … 100㎖
キャベツ（千切り） … 200g
天かす … 大さじ2
卵 … 2個
お好み焼きソース … 大さじ1
サラダ油 … 適量

作り方

1 豚肉は食べやすい大きさに切る。
2 ソースに小ねぎを入れて混ぜておく。
3 ボウルでお好み焼き粉に水を加えて混ぜ、キャベ
　 ツ、天かす、卵を加えて混ぜ合わせる。
4 ホットサンドメーカーに油をぬり、3を入れて豚肉
　 をのせ、閉じて中火で裏返しながら両面を焼く。
5 焼きあがったらソース（分量外）をぬり、2を盛りつ
　 けて卵黄をのせる。

小ねぎはお好みで
たっぷりかけて！

シェフのひとこと 〉 火が通ってきたらときどきホットサンドメーカーを開いて焼き加減を確認しましょう。

211

お好みでチーズを入れても◎

 20 min

カレーを挟んだ時短サンド

キーマカレーホットサンド

朝ごはん

缶詰 # カレー

材料（2人分）
豚ひき肉 … 150g
マッシュルーム … 50g
（缶詰、スライスのもの）
オリーブ油 … 大さじ3
にんにく（みじん切り）… 大さじ1
玉ねぎ（みじん切り）… 1/4個
塩、こしょう … 適量
コンソメ（顆粒）… 小さじ1個
カレー粉 … 小さじ3
トマトケチャップ … 大さじ3
ブラックペッパー … 適量
食パン（8枚切り）… 2枚
サラダ油 … 少々

作り方
1 フライパンに油を熱し、にんにくと玉ねぎを中火
　で炒める。玉ねぎに火が通ったらコンソメ、塩、
　こしょうを入れて混ぜる。
2 ひき肉を加えて炒め、火が通ったら水気を切った
　マッシュルームを加え、さらに炒める。
3 2にカレー粉、ケチャップ、ブラックペッパーを
　加え、さっと炒めて火を止める。
4 ホットサンドメーカーに油をぬり、食パン1枚を
　置き、3をのせる。もう1枚の食パンで挟み、
　ホットサンドメーカーをひっくり返しながら両面
　2～3分ずつ焼く。

シェフのひとこと ＞ マッシュルームをお好みの野菜に変えてもOK。

餃子の皮を活用した
簡単包み焼き！

15 min とろっと溢れ出すカマンベールチーズの誘惑

カマンベールとミニトマトの包み焼き

#簡単 #豪快 #おつまみ

材料（2人分）
餃子の皮 … 15〜20枚
ハム … 4枚
カマンベールチーズ … 1個
ミニトマト … 12個
塩 … 適量
ブラックペッパー … 適量
オリーブ油 … 適量

作り方

1 ホットサンドメーカーの両面に油をぬり、水で接着しながら餃子の皮を8〜10枚程ホットサンドメーカーの大きさに合わせて並べる。

2 1の上にハムを4枚並べ、真ん中にカマンベールチーズを丸ごと置く。まわりにミニトマトを円状に並べる。塩とブラックペッパーをふり、オリーブ油をひと回しする。残りの餃子の皮で覆うように、水で接着しながら全体を包み込む。

3 ホットサンドメーカーを閉じ、弱火で片面3〜5分ずつ、両面を焼いたら完成。味が足りなければ塩を足して調整する。

シェフのひとこと ＞ できたては中から熱々のチーズが溢れ出すので、口の中をヤケドしないように！

213

塩サバは脂がのっている
ほどサンドに合います！

お好みで大葉を入れても
おいしいですよ！

20
min

サバの脂の旨味と大葉が香る

焼きサバホットサンド

（ #魚介 ）（ #BBQ ）（ # ランチ ）

材料（2人分）
塩サバ … 1枚　　　　　大葉 … 1枚
食パン（8枚切り）… 2枚　しょうゆ … 適量

作り方
1 炭火で塩サバを焼きあげる（ホットサンド
　メーカーでも可）。
2 ホットサンドメーカーにパンを1枚のせ、
　しょうゆをぬる。
3 1を適当な大きさに切ってパンにのせ、ち
　ぎった大葉を散らす。
4 もう1枚のパンをのせ、ホットサンドメー
　カーの蓋をして両面1〜2分半ずつ焼き色
　がつくまで焼く。

15
min

お好きなチーズでお試しあれ

餅明太チーズサンド

（ #明太子 ）（ #チーズ ）

材料（2人分）
食パン（8枚切り）　　カマンベールチーズ
　… 2枚　　　　　　　　… 適量
明太子 … 適量　　　　マヨネーズ … 適量
餅 … 適量　　　　　　オリーブ油 … 適量

作り方
1 食パンの片面にマヨネーズをぬり、明太子、
　餅、カマンベールチーズをのせる。
2 もう1枚の食パンで挟んで、ホットサンド
　メーカーを閉じる。
3 弱火で両面焼き色がつくまでひっくり返し
　ながら焼く。
4 仕あげに両面オリーブ油をぬって少々焼い
　たら完成。

カリカリもちもちなおつまみ！
明太チーズ餅

(# おつまみ) (# 明太子) (# 簡単)

材料（2人分）

餅 … 2個
春巻きの皮 … 3枚

とろけるチーズ、明太子
マヨネーズ、サラダ油
　… 適量

作り方

1 餅は1個を6等分に細長く切る。春巻きの皮は十字に切り4等分にする。

2 春巻きの皮を菱形に置き、餅、チーズ、明太マヨネーズを中央よりやや下にのせる。下からくるっと一回転巻き、左右に折り込み、最後に上から折りたたむ。各所を水溶き片栗粉（分量外）で接着する。

3 ホットサンドメーカー両面に油をぬり、大さじ1の油を片面に追加して具材を並べる。

4 中火で両面を揚げ焼きにする。焼き色がついたら塩をふる。

明太子を使う場合は、中身を出してマヨネーズと混ぜてください

ごま油の香りが最高です

だし香るふわふわ卵焼きを挟む！
だし巻き卵サンド

(# 朝ごはん) (# 簡単)

材料（2人分）

卵 … 3個
和風顆粒だし
　… 小さじ1

だし醤油 … 小さじ2
ごま油 … 適量
食パン（8枚切り）… 2枚
マヨネーズ … 適宜

作り方

1 卵、顆粒だし、だし醤油をよく混ぜる。

2 ホットサンドメーカーにごま油を熱し、卵を少量ずつ入れだし巻き卵を作る。

3 ホットサンドメーカーでマヨネーズをぬったパンとだし巻き卵を挟んで両面に焼き色がつくまで焼く。

お麩が牡蠣のエキスをたっぷり吸収

30 min

牡蠣とお麩のバター焼き

#魚介 #牡蠣

#おつまみ

材料（2人分）

牡蠣 … 12個

車麩 … 小3個

バター … 20g

しょうゆ … 適量

小ねぎ … 適量

ブラックペッパー … 適量

サラダ油 … 適量

作り方

1 車麩は水（またはぬるま湯）にしばらく浸しておき、柔らかくする。崩れないように注意して手で水分を絞り、半分に切る。

2 牡蠣は軽く水で洗いキッチンペーパーなどで水気をとる。

3 ホットサンドメーカーに油をぬり、**1**と**2**を並べる。牡蠣がふっくらするまで、弱火で両面を焼く。

4 蓋を外しバター入れて溶かす。

5 火を止め、しょうゆ、小ねぎ、ブラックペッパーをかける。

お酒との相性も抜群です！

シェフのひとこと ＞ 牡蠣エキスをたっぷり吸ったお麩が、牡蠣以上においしくなる不思議！

しいたけのチーズ焼き

15 min

しょうゆで香ばしく焼く!

(#おつまみ) (#簡単)

材料（2人分）
しいたけ…6〜8個　　　パセリ … 適宜
ミックスチーズ … 適量　　サラダ油 … 適量
しょうゆ … 適量

作り方
1 しいたけは石づきを根元からとり除き、傘の上部分に十字の切り込みを入れておく。
2 ホットサンドメーカーに油を熱し、しいたけを裏返して並べる。
3 傘の裏側の部分にしょうゆを少々たらし、チーズをのせる。
4 ホットサンドメーカーを閉じ、ひっくり返さずに片面だけを弱火でじっくり焼く。
5 チーズが溶けたら火からおろし、お好みでパセリをふる。

ホットサンドメーカーに焦げつくので、チーズの入れ過ぎに注意!

山芋のふわふわ焼き

15 min

ふわふわ食感がクセになる中毒レシピ

(#おつまみ) (#簡単)

材料（2人分）
とろろ(冷凍可) … 200g　サラダ油 … 適量
カニカマ … 80g　　　　ポン酢 … 適量
卵 … 1個　　　　　　　マヨネーズ … 適量
白だし … 小さじ1　　　小ねぎ … たっぷり

作り方
1 カニカマは細く割いておく。
2 ボウルにとろろとカニカマ、卵、白だしを入れてよく混ぜる。
3 ホットサンドメーカーの両面に油をぬり、2を注ぐ。
4 蓋を閉め、とろ火から弱火で10〜12分裏返しながらじっくり焼く。
5 ポン酢とマヨネーズをかけ、小ねぎをのせる。

カニカマの代わりにタコを入れても食感がよいので、ぜひ試してみて!

卵を落としてそのまま焼いても
おもしろい仕あがりに

関西でおなじみの鉄板メニュー

とん平焼き

20
min

#簡単 #おつまみ #ソロキャンプ

材料（1人分）
卵 … 2個
豚バラ肉 … 100g
千切りキャベツ … 100g
のり … 適量
チーズ … 適量

作り方

1 卵を溶き、ホットサンドメーカーに流し入れ、豚肉を並べる。

2 キャベツを上に敷いてのり、チーズをのせてホットサンドメーカーで挟んで焼く。

3 弱火で3〜4分、両面返しながら焼き、ほんのり焦げた香りがすれば完成。

チーズとはちみつの甘さがマッチ

はちみつチーズサンド

10
min

#おやつ #簡単

材料（2人分）
食パン（8枚切り） … 2枚
バター … 適量
ピザ用チーズ … 適量
はちみつ … 適量
ホイップクリーム … 適宜

作り方

1 食パンにバターをぬり、チーズ、はちみつをのせ、ホットサンドメーカーで両面2分ずつくらい焼く。

2 お好みではちみつやホイップクリームをかける。

チーズの種類は
お好みでOKです！

カリふわのはんぺんが新感覚
はんぺんホットサンド

15 min

(#おつまみ) (#ヘルシー) (#簡単)

材料（2人分）
はんぺん … 1枚　　大葉 … 2枚
さけるタイプのチーズ　バター … 10g
　… 1/2本

作り方
1 はんぺんは斜め半分に切り、切った面に横向きに切り込みを入れる。
2 はんぺんの切り込みに割いたチーズを挟み、大葉を1枚ずつ挟む。
3 ホットサンドメーカーにバターを熱し、フツフツしてきたらはんぺんをのせてホットサンドメーカーを閉じる。
4 こまめにひっくり返しながらきつね色になるまで焼く。

大きな台湾風唐揚げ
ダージーパイ

40 min

(#鶏肉) (#おやつ) (#シェラカップ)

材料（2人分）
鶏むね肉 … 1枚
白玉粉 … 30g
片栗粉 … 30g
サラダ油 … 適量

A｜
五香粉 … 適量
しょうゆ
　… 大さじ1と1/2
酒 … 大さじ2
にんにくチューブ
　… 3cm程

作り方
1 ラップで包んだ鶏肉を叩いて薄くのばし、ホットサンドメーカーに収まる大きさに切る。
2 密閉袋でAを混ぜ、1を15〜30分漬け込む。
3 白玉粉と片栗粉を混ぜて2にまぶす。
4 ホットサンドメーカーの1/3の深さまで油を入れて火にかけ、フツフツしてきたら、3の衣を少し落としてから揚げる。ホット

ホットサンドメーカーよりも一回り小さいはんぺんはを選んで

油がこぼれるのでホットサンドはひっくり返さない！

サンドメーカーの蓋を閉じて弱火で片面5分焼く。鶏肉をひっくり返して蓋を閉じてもう片面も弱火で5分焼く。

219

カマンベールチーズは焼かずに
あとのせでもおいしいですよ

15
min

簡単で至福のフレンチトースト
ハニーフレンチトースト

朝ごはん 　# 簡単
シェラカップ

材料(2人分)
食パン(4枚切り) … 2枚
A
├ 牛乳 … 200㎖
├ 卵 … 2個
└ 砂糖 … 大さじ2
チューブバター … 適量
カマンベールチーズ … 4切れ
生ハム … 8枚
はちみつ … 適量
ミックスナッツ … 適量

作り方
1 ミックスナッツをシェラカップに入れ、ナッツがつかる程度のはちみつをかけておく。
2 ボウルにAの材料を入れてよく混ぜ卵液を作る。
3 食パンを半分にカットし、2の卵液に浸す。
4 ホットサンドメーカーにバターを熱し、フツフツしてきたら3を入れて中火で加熱し、ホットサンドメーカーをひっくり返しながら両面2~3分ずつ焼く。両面が焼けたら皿にのせる。
5 ホットサンドメーカーでカマンベールチーズの両面を、チーズがとろけるまで焼く。
6 4の上に、生ハム、5をのせ、1のハニーナッツをかけて完成(2枚目も同様)。

シェフのひとこと 〉 いろんなナッツで食感も楽しんで!

熱々で冷え冷えのデザートパイ
雪見だいふくの熱々パイ

15 min

(#スイーツ) (#冷凍食品)

材料（2人分）
冷凍スイートポテト（市販）… 適量
冷凍パイシート（市販）… 1袋
バター … 10g
雪見だいふく … 1個

作り方
1 パイシートを柔らかくなるまで解凍し、ホットサンドメーカーに合う大きさに2枚カットする。スイートポテトも解凍しておく。
2 ホットサンドメーカーを開き両面にバターをぬる。
3 パイシートを1枚敷き、スイートポテトを並べ、雪見だいふくを1個置き、もう1枚のパイシートをかぶせて挟み、中火で焦げないようにひっくり返しながら焼く。

長く焼くとアイスが溶けて出してしまうので、中火くらいで

4 表面に焼き色がついたらできあがり。

チョコとバナナがジュワッと溢れ出す
バナナフレンチトースト

15 min

(#朝ごはん) (#スイーツ) (#シェラカップ)

途中で中身が溢れないように切れ目の奥に挟んで！

材料（2人分）
食パン（4枚切り）… 1枚　　ビターチョコレート
牛乳 … 200㎖　　　　　　　　… 40g
A 卵 … 1個　　　　　　　　バナナ（輪切り）… 1本
砂糖 … 大さじ1　　　　　　ミント … 1枚
バター … 10g　　　　　　　　粉糖 … 適量

作り方
1 食パンは斜め半分に切り、切った面に横向きに切り込みを入れる。
2 シェラカップでAの材料を混ぜ合わせ卵液を作り、1の食パンをつける。
3 食パンに卵液が染み込んだら、切り込みに砕いたチョコレートとバナナを挟む。
4 ホットサンドメーカーにバターを熱し、3を中火で加熱する。
5 両面が焼けたら皿にのせ、バナナとミントを飾り、粉糖をふりかける。

スモーカー

燻製にチャレンジしたいと思ったら、
煙やにおいを気にしなくてもいい
キャンプのようなアウトドア環境が最適！
意外と簡単にできちゃう燻製料理。
初心者でも楽しめるレシピを紹介していきます。

―― SMOKER ――
スモーカーの基本

燻製料理は蓋つきのBBQグリルや深めの鍋などでも作れますが、専用のスモーカー(燻製器)を使えばより確実。ここでは燻製料理の基本となる、スモーカーの特徴を紹介します。

―― 横型スモーカーの特徴 ――
適した料理
【 燻す 】

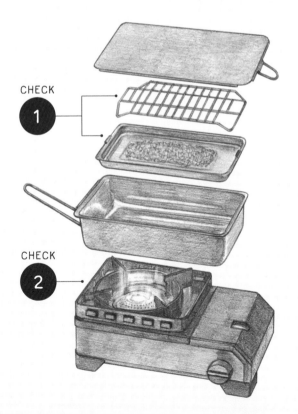

CHECK **1**

CHECK **2**

安定感があるので
初心者でも扱いやすい

横型スモーカーは燻製用木材のスモークチップ(→P227)をトレーに敷いて、その上に網にのせた食材を置き蓋をして使う。セットされたスモーカー自体をバーナーなど火にかけてチップを燃焼させ、スモーカー内に煙を充満させる。横型のスモーカーは高さはないが、バーナー上で安定して火にかけられるので初心者でも安心。

CHECK **1**
チップと食材が密着しないよう、網には高さがある。アルミホイルなどでお皿を作れば調味料なども燻製できる。

CHECK **2**
チップを火にかける場合は焚き火や炭火より火力調節のできるバーナーやカセットコンロがおすすめ。

COLUMN

燻製にも種類がある

食材を煙で燻すことで、風味を加える燻製料理。もともとは腐りやすい食材を長持ちさせるための技術でした。燻製には温度の違いにより「熱燻」「温燻」「冷燻」の3種類があります。本書で紹介する方法は主に熱燻で、食品の保存には向きませんが、比較的短時間でできるのが特徴です。

縦型スモーカーの特徴

適した料理

【燻す】

長時間の燻製に適している

縦型スモーカーは食材を吊るすので、全体を均一に燻煙できるのが特徴。横型同様にバーナーで火にかけることもできるが、下段に燻製用木材のスモークウッド（→P227）を置き、長時間燻製にかけることができる。種類によっては内部の温度を測る温度計が付属しているものもある。

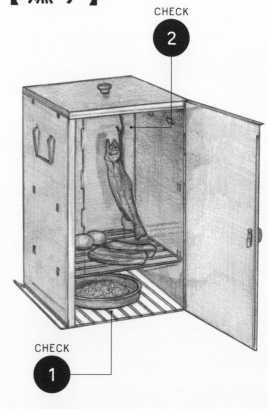

CHECK **1**
下段の皿にチップを置く場合はバーナーで、ウッドの場合はウッド自体を燃やしてスモークする。

CHECK **2**
上部から付属のフックで魚などを吊せる。身を崩さずに均一に燻製できるのが特徴。

───── SMOKER ─────

スーモーカーと燻製用木材の
種類と選び方

燻製料理をするには、スモーカーと燻製用木材が必要です。それぞれいくつか種類がありますので、特徴を理解して適切な組み合わせを選びましょう。このほか、温度計があると仕あがりを管理しやすくなります。

───── **スモーカーの種類** ─────

箱型タイプ

使い方は横型と同じ。比較的高さがあり内部は2段構造で、下段で薄い食材を、上段で厚みのある食材を燻製するなど使い分けることが可能。スモークチップを使用する。

簡易段ボールタイプ

手軽な値段で購入できる段ボールタイプは、火にはかけられないのでスモークウッドを使う。高さのある段ボールがあれば、簡単に自作することも可能だ。

陶器タイプ

コンパクトなサイズで、自宅のキッチンでも手軽に燻製ができる陶器製のスモーカー。温度計もついているので初心者向き。割れ物なので野外では持ち運びに注意。

燻製用木材の種類

スモークチップ

40～120度くらいの温度で燻製する。主に
バーナーなどで加熱しながら燻製する。焚き
火や炭火にチップを入れて燻すこともできる。

スモークウッド

20～70度くらいの温度で燻製する。ウッド
自体に火をつければ、数時間煙を出し続けて
くれるため、バーナーなどの熱源が不要。

基本の燻製のやり方

1 スモーカーの底にチップを敷く。ナッツのような手軽な食材であれば、チップはひとつまみくらいでOK。

2 燻製したい食材を網の上にのせる。細かい食材や溶けやすいチーズなどはアルミホイルで作ったお皿に。

3 強火にかけ、煙が出はじめたら蓋をする。中火にし、好みの時間燻す。写真の量なら5分程度で完成。

あっさり風味で香りを楽しむ

燻製ハンバーグ

40 min

（ #牛肉 ）（ #和風 ）（ #贅沢 ）

材料（2人分）

A
- 牛ひき肉 … 200g
- 玉ねぎ（すりおろし）… 1/4個
- にんにく（すりおろし）… 1片
- しょうが（すりおろし）… 5g
- 卵 … 1個

A
- ナツメグ … 少々
- 塩、こしょう … 少々

- 大根おろし、しょうゆ … 適宜
- スモークチップ … 適量

作り方

1 すりおろした玉ねぎの水分を絞る。Aをすべてこねてハンバーグを2つ成形する。

2 スモーカーにチップを入れて網の上にハンバーグをのせ、蓋をして20分程燻す。

3 お好みで大根おろしとしょうゆを添える。

1

2

シェフのひとこと

外はカリッと、中は弾力のあるハンバーグに。
燻製の香りを楽しめるよう、味つけはシンプルにして。

野菜をたっぷり挟んで
ハンバーガーにしても！

お酒もすすむ、ちょっと
贅沢なおつまみに！

40
min

鴨肉と甘酸っぱいフルーツソースがマッチ
合鴨のスモークグリル

#鴨肉　#フライパン
#フルーツ　#おつまみ

材料（2人分）
合鴨もも肉 … 200g
塩こうじ … 大さじ1と1/2
粒こしょう … 6粒
こしょう … 適量
梨 … 4枚（約1cm幅薄切り）
ビーツ … 4枚（約1cm幅輪切り）
フレッシュタイム … 適量
オリーブ油 … 大さじ1
ドライプルーン … 6粒
A ┌ 粒マスタード … 大さじ1
　├ レモン汁 … 小さじ1
　└ ハニーマスタード … 小さじ1
スモークチップ（メイプル）
　 … 大さじ2

作り方
〈仕込み〉
鴨肉に塩こうじをよくなじませ、粒こしょうと合わせて一晩置く。
〈現地調理〉
1　フライパンに油を熱し、粒こしょうを除いて仕込みの鴨肉の表面だけ焼く。
2　スモーカーにチップを入れて蓋をし、中火にかけて蓋の隙間から煙が少し出たら、火からおろし1を入れ蓋をする。
3　2を弱火で10〜12分程燻したら、火を止めて約20分置く。
4　ドライプルーンをすり潰してからAとよく混ぜ、プルーンペーストを作る。
5　1のフライパンでビーツと梨を焼き、こしょうをふる。3を1cm幅に切り、タイムを添える。

シェフのひとこと ＞ プルーンペーストはいろんなお肉料理にも合いますよ。

コンビニ商品で本格燻製レシピ

15 min

サラダチキン鶏ハム

(# 鶏肉) (# コンビニ) (# ヘルシー) (# 簡単)

材料（2人分）
サラダチキン（市販）… 1個
ルッコラ … 適量
スモークチップ（桜）… 適量

作り方
1 スモーカーにチップを入れる。
2 スモーカーの中に網を置き、その上にサラ
ダチキンを入れる。
3 火をつけ蓋をして15分程燻す。サラダチ
キンをとり出し適当な大きさに切って、
ルッコラを添える。

添える野菜はディル、ベビーリーフ、
ミニトマトなどお好みで！

お酒に合うインド料理

30 min

シークケバブ

(# 鶏肉) (# おつまみ)
(# フライパン) (# エスニック)

材料（2人分）

A	鶏ひき肉 … 200g	A	オールスパイス … 適量
	卵 … 1個		油 … 適量
	にんにく … 1片		スモークチップ（桜）… 適量
	クミン … 適量		

作り方
1 にんにくをみじん切りにする。
2 Aの食材をすべて合わせて、よくこねる。
3 全面に火が通るまでフライパンで焼きあげる。
4 スモーカーにチップを入れ、3を並べる。
5 蓋をして火にかけ、煙が出てきたら15分
程燻す。

スパイスとスモーカーで味つけさ
れたケバブはお酒にピッタリです

香るビーフバゲットレシピ

燻製ローストビーフサンド

30 min

#牛肉 #パン
#フライパン

材料（2人分）
牛ランプ肉（ブロック）… 200〜300g
バゲット … 1本
紫玉ねぎ（薄切り）… 適量
レタス … 適量

A ┌ マヨネーズ … 適量
　├ マスタード … 適量
　├ しょうゆ … 大さじ1
　└ 赤ワイン … 大さじ1

にんにく（みじん切り）… 適量
塩、こしょう … 適量
オリーブ油 … 適量
スモークチップ … 適量

作り方
1 牛肉全体に、にんにく、塩、こしょう、オリーブ油をなじませる。
2 フライパンで牛肉の表面を焼き、アルミホイルで包んで中まで火を通す。
3 スモーカーにアルミホイルからとり出した牛肉を入れ、チップで10分程燻製する。
4 Aを混ぜ合わせておく。
5 3を5分程置いてなじませたら薄切りにし、紫玉ねぎとレタスと一緒にバゲットに挟み、4のソースをかけていただく。

お好みのトッピングを楽しみましょう！

シェフのひとこと ＞ 焼き過ぎたり燻製し過ぎたりすると、肉が固くなってしまうので注意。

燻製豚の香りがチャーハンとよく合う

豚肉　# 中華　# ごはん

豚バラ燻製チャーハン

20 min

材料（2人分）

豚バラ肉（ブロック）
　… 100〜150g
パックごはん … 2個
長ねぎ … 1本
卵 … 2個
塩、こしょう … 適量
スモークチップ … 適量

作り方

〈仕込み〉
豚肉に強めに塩、こしょうをして、一晩置いて水気をとっておく。

〈現地調理〉
1 スモーカーにチップをセットし、豚肉を15分程燻す。
2 卵を溶いて、ごはんと混ぜ合わせる。
3 熱したフライパンに2とサイコロ状にカットした1と長ねぎを入れて、炒め合わせたら完成。

スモーキーなチャーハンに！
焚き火でパラッと炒めて

シェフのひとこと ＞ ごはんのパックの中で卵と混ぜ合わせれば、洗い物が出ず便利です。

ワンランク上の大人のどんぶり

マグロの燻製丼

20 min

#魚介 #ごはん
#簡単 #ソロキャンプ

材料（1人分）
マグロ（柵）… 200g
塩 … 少々
ごはん … 180g
A ┌ オリーブ油 … 少々
  │ 塩、こしょう … 少々
  │ にんにく（すりおろし）… 少々
  │ きざみのり … 適量
  └ 大葉（細切り）… 3枚
スモークチップ … 適量

作り方
1 マグロに塩をふってキッチンペーパーで包み、冷蔵庫やクーラーボックスで寝かす。
2 マグロの表面の水分をよくふき、スモーカーにチップをセットし網の上で10分程燻す。
3 器にごはんを盛り、食べやすい大きさに切ったマグロをのせ、Aをかける。

薬味はたっぷり入れて！

シェフのひとこと 〉 食べるときは、ざくざくとよく混ぜてワイルドにいって。

20 min

燻製で旨味と香りが引き立つ

カツオの燻製茶漬け

魚介　# ごはん　# 和風　# ソロキャンプ

材料（1人分）
カツオ（柵）… 200g
しょうゆ … 適量
ごはん … 100g
きゅうり（薄切り）… 1/3本
小ねぎ … 適量
しょうが（すりおろし）… 少々
だし汁 … 適量
スモークチップ … 適量

作り方
〈仕込み〉
密閉袋にカツオとしょうゆを入れ、一晩寝かせる。
〈現地調理〉
1 スモーカーにチップをセットし網の上でカツオ
　 を10分程燻す。
2 器にごはんを盛り、食べやすい大きさに切った
　 カツオ、きゅうり、ねぎ、しょうがをのせる。
3 だし汁をかける（冷たくても温かくても）。

冷たくすると、
冷や汁みたい！

シェフのひとこと ▷ だし汁は、冷たくても温かくても！　季節や気分に合わせて味わって。

チップに火をつけて
からは弱火で燻して

25
min

風味豊かなエビに酸味のあるソースがマッチ

スモークシュリンプ

#魚介 #ソース
#ハーブ

材料（4人分）

エビ … 6尾

ハーブソルト … 適量

A ┌ サワークリーム …
　　　　大さじ2と1/2
　├ マヨネーズ … 大さじ1と1/2
　├ 塩 … 少々
　├ フレッシュディル
　└　… 適量（入れるときちぎる）

スモークチップ … 大さじ1と1/2

作り方

1 水気をふきとったエビにハーブソルトをふる。

2 スモーカーにチップをセットして**1**を入れ、しっかり蓋をして1分程強火にかける。

3 できるだけ弱火で10分〜15分燻し、その後10分程放置する。

4 Aの具材を混ぜ合わせてソースを作る。ディップしていただく。

シェフのひとこと ＞ 火を消した後もスモークをなじませるのが大事です。

20 min

おつまみやアラカルトにぴったり

タイの燻製カルパッチョ

(#魚介)(#おつまみ)(#タイ)

材料（4人分）
タイ（柵）… 120g
サニーレタス … 適量
ベビーリーフ … 適量
ミニトマト … 適量
塩、こしょう … 適量
オリーブ油 … 適量
スモークチップ … 適量

作り方

1 スモーカーにチップを入れ、水気をふきとったタイと、アルミホイルなどの容器に入れたオリーブ油をセットする。容器に入りきらない場合は別々にする。

2 チップに火をつけ、10〜15分程燻し、その後5分程放置する。

3 タイを薄く切り、塩、こしょうと**1**のオリーブ油をかける。

4 ベビーリーフ、サニーレタス、刻んだミニトマトを盛りつける。

オリーブ油の燻製は、味のアクセントにとにかく万能!!

卵の表面がしっかり色づくまで燻製しましょう!

25 min

お手軽簡単おつまみ

燻製卵の おろしポン酢

(#簡単)(#おつまみ)

材料（3人分）
茹で卵 … 3個
塩水 … 適量
大根おろし … 適量
ポン酢 … 適量
小ねぎ … 適量
スモークチップ … 適量

作り方

1 茹で卵は殻をむき、3%濃度の塩水に1時間程つけておく（時間外）。

2 卵についた水分をふき（時間があれば少し干して乾燥させる）、スモークチップをセットしたスモーカーで20分程蒸す。

3 卵を半分に切り、大根おろし、ポン酢、小ねぎをのせる。

メスティンで作ると
サイズがぴったり！

15
min

香ばしさが酢飯に合う！
スモークサバの押し寿司

(# 魚介) (# ごはん)
(# 簡単) (# メスティン)

材料（2人分）
サバ（干物）… 半身
ごはん … 400g
寿司酢 … 大さじ3
ごま … 大さじ1
しょうがの甘酢漬け（みじん切り）
　… 10g
スモークチップ … 適量

作り方
1 ごはんに、寿司酢、ごま、甘酢漬けを混ぜておく。
2 サバの表面をふき、スモークチップをセットしたスモーカーで15分程燻す。

3 メスティンにラップを敷き、1を入れて2をのせ、ラップで包んで重石をのせる。
4 30分経ったらとり出して切り分ける。

シェフのひとこと ｝ 時間があるときは重石をのせたまま半日ほどクーラーボックスに入れておくと、
サバの旨味がごはんに移ってより深い味わいになります。

燻製すると、ちょっと
豪華で贅沢な味わいに！

20 min

燻した食材を加えるだけで風味が一段と香る

燻製アジの和風パスタ

#魚介 #簡単

#麺類 #フライパン

材料（2人分）

アジ（干物）… 1尾

パスタ … 200g

茹で汁 … 大さじ1

長ねぎ … 1/2本

にんにく（みじん切り）… 1片

オリーブ油 … 適量

鷹の爪 … 適量

塩 … 適量

こしょう … 適量

大葉、みょうが、ごま … 適宜

スモークチップ … 適量

作り方

1 アジはキッチンペーパーで水気をよくふきとる。

2 スモーカーにチップをセットし、1を網の上にのせて強火にかける。

3 煙が出はじめたら蓋をして、中火にして10分程燻す。

4 パスタは表記時間通りに茹でておき、燻したアジは骨をとって細かくほぐす。ねぎは斜め薄切りに切る。

5 深めのフライパンに油を熱し、にんにく、鷹の爪を炒める。

6 にんにくの香りが出たら、アジ、茹で汁、ねぎを加えて乳化させる。

7 塩、こしょうで味つけし、パスタを加えて和え、お好みで大葉、みょうが、ごまなどをトッピングする。

シェフのひとこと　魚など水分の多い食材は、キッチンペーパーなどで水分をよくとり除いてから燻製しよう。

バゲットにたっぷり挟んで
サンドイッチにしてもおいしい

30 min

食べやすいあっさり味
燻製サーモンと玉ねぎのサラダ

#魚介 #おつまみ #サラダ

材料（2人分）
サーモン（柵）… 200g　　スモークチップ … 適量
玉ねぎ … 1個
きゅうり … 1/2本
マヨネーズ … 大さじ2
こしょう … 少々

作り方
1 サーモンは表面をよくふき（時間があれば乾かす）、スモーカーに入れ、20分程燻す。
2 玉ねぎは薄切りにして水にさらしておき、きゅうりは千切りにする。
3 食べやすい大きさに切った1と2、マヨネーズを和えて、こしょうをふる。

---

15 min

好きな具材で楽しむ
燻製おにぎり

#簡単 #ごはん #朝ごはん

材料（1人分）
明太子 … 1腹　　粉チーズ … 適量
茹で卵 … 1個　　ごはん … 適量
塩 … 適量　　　　のり … 1枚
スモークチップ … 適量

作り方
1 明太子と殻をむいた茹で卵をスモーカーに入れ、2分程燻す。
2 ごはんに塩、粉チーズを混ぜ、適当な大きさに切った1を入れておにぎりを作る。
3 のりを巻く。

燻された塩気が白いごはんによく合う！

何にでも合う万能ソース
いぶりがっこの
マヨソース

25 min

(#簡単) (#おつまみ)

材料（2人分）
たくあん … 1本
しょうがの甘酢漬け … 10g
マヨネーズ … 大さじ2
スモークチップ … 適量

作り方
1 たくあんは薄切りしてから余分な水分をふき、ペーパーに包んで5時間程干す（時間外）。
2 表面が乾いたらスモーカーに入れ、20分程燻す。
3 2をサイコロ型に切り、千切りにした新しょうがの甘酢漬けとマヨネーズと和える。

海鮮にたっぷりのせて。
お肉にも合う！

お酒のアテにばっちり
海鮮串の燻製

20 min

(#魚介) (#おつまみ)

材料（2人分）
エビ、イカ、ホタテなどの海鮮 … 適量
塩水（濃度3%）… 適量
スモークチップ … 適量

作り方
1 海鮮を塩水で洗う。
2 トントンと叩くように水分をペーパーでふき、網の上などで陰干しする。
3 表面が乾いたらスモーカーに入れ、15分程燻す。

水分をしっかり飛ばしてから
燻製すると、うまくいきますよ

チーズが溶けないように、
火加減には気をつけて！

 25 min

調味料もスモークしちゃう
いろいろスモーク チーズと燻製こしょう

（ #簡単 ） （ #おつまみ ）

材料
さけるチーズ、カマンベールなど … 適量
こしょう … 適量
スモークチップ … 適量

作り方
1 スモークチップをセットしたスモーカーに
　チーズを並べる。
2 こしょうはアルミホイルの器に入れる。
3 スモーカーを中火で熱し、煙が十分に出た
　ら弱火にしてチーズを入れ、チーズを溶か
　さないように燻す。10分ごとに様子を見
　て、20分程燻す。

20 min

簡単やみつきの時短おつまみレシピ
燻製ポテサラ

（ #缶詰 ） （ #おつまみ ） （ #コンビニ ）

材料（2人分）
コンビーフ … 1缶
ポテトサラダ（市販） … 2パック
黒こしょう … 適量
スモークチップ … 適量

作り方
1 コンビーフを1cm幅に切り、スモーカー
　に並べる。
2 チップをセットして15分程燻す。
3 5分程コンビーフを置き、ポテトサラダ、
　黒こしょうと一緒に和えれば完成。

燻製チップはお好みに合わせて香りつけ
すると、風味が変わっておすすめです

燻製でおやつも
スモークチョコバー

20 min

(#簡単) (#おやつ)

材料
- A
  - **板チョコレート(割る)** … **1枚**
  - **ドライフルーツ、ナッツ、マシュマロ** … **適量**
- **スモークチップ** … **適量**

作り方
1 トレイをアルミホイルで包み、その上に**A**をのせる。
2 スモークチップをセットしたスモーカーで燻し、チョコレートが固まるまで冷やす。

1

マンゴーやクランベリーなど甘酸っぱいドライフルーツがおすすめ!

おつまみにもデザートにもぴったり
燻製ナッツのカナッペ

10 min

(#おつまみ) (#スイーツ)

材料(2人分)

ミックスナッツ … **適量**	**バルサミコ酢** … **適宜**
クリームチーズ … **適量**	**スモークチップ** … **適量**
クラッカー … **適量**	

作り方
1 アルミホイルで作った皿に、ナッツをまんべんなくのせる。
2 スモーカーにチップをセットし、**1**を網の上にのせて強火にかける。
3 煙が出始めたら蓋をして、中火にして5分程燻す。
4 クラッカーにクリームチーズをぬり、その上にナッツを盛り合わせる。

バルサミコ酢を15分程煮詰めて作る特製ソースと合わせても◎

キャンプでの楽しみはお酒！
という方も少なくないでしょう。
焚き火を眺めながら飲むお酒もひとしおですし、
いつでも寝られるのがキャンプ飲みの魅力です。
この章ではそんな晩酌にぴったりなおつまみと、
ソロキャンプに適したレシピを紹介していきます。

PART 8
APPETIZER & SOLO CAMP

おつまみ＆
ソロキャンプ

—— APPETIZER & SOLO CAMP ——

おつまみ&ソロキャンプ料理の基本

簡単なおつまみや少量の料理を作るのに適した調理器具を紹介します。ソロキャンプでは荷物を少なくしたいので、小さいながらも多機能なものが重宝されます。ここでは選りすぐりのアイテムを紹介します。

—— **ソロキャンプにおすすめの道具** ——

シェラカップ

器にもなりマグカップにもなるシェラカップはキャンパーのマストアイテム。ステンレス製などは火にもかけられるので、簡単なおつまみを作ることもできるし、和えものにもちょうどいい。複数を重ねて収納できるのも便利。

メスティン

北欧生まれの飯盒。1人分の料理を作るのにちょうどいいサイズで、アルミ製でごはんがおいしく炊ける。中にカトラリーやナイフなど調理道具を入れて持ち運んだり、食材を入れるフードコンテナにできたりと便利なグッズ。

クッカーセット

鍋やマグカップが一体となったクッカーセット。複数の鍋があると、パスタを茹でてソースを作るなどの同時作業が容易。コンパクトに収納できるので、徒歩キャンプや登山などでも重宝する。

ミニ鉄板

1人分のステーキを焼くのにちょうどいい小さな鉄板。重さはあるが、A5サイズ程度なのでかさばらず持ち運びしやすい。BBQグリルや焚き火の際にも手軽に扱えるので、ファミリーキャンパーは持っていても損はない。

COLUMN

シェラどんぶりがおすすめ

ソトレシピがプロデュースしているシェラどんぶりは、炊飯はもちろん得意ですが、丸型の袋麺なら割らずに入れられるので、1人分のラーメンなどを作るのにぴったりです。フッ素樹脂加工されたモデルや、色展開、蓋などにもバージョンがあるので好みで選ぶことができます。

ごはんと一緒に食べたい

30 min

なんちゃってビーフストロガノフ

#スキレット #簡単 #ロシア

材料（2人分）
牛肩スライス肉 … 100g
玉ねぎ … 1/2個
セロリ … 1/4本
小麦粉 … 小さじ1
水 … 100mℓ
デミグラスソース（市販）
　… 大さじ2
ケチャップ … 大さじ2
牛乳 … 100mℓ
ヨーグルト … 50g

作り方

1　牛肉は細切りに、玉ねぎ、セロリはみじん切りにする。

2　玉ねぎ、セロリを炒めて、火が通ったら牛肉を入れて炒める。牛肉に火が通ったら小麦粉をふり入れ炒めていく。

3　水、ケチャップ、デミグラスソース、牛乳を入れて蓋をして10分煮込む。

4　アクをとり、よくかき混ぜたヨーグルトを入れて、とろみが出るまで煮込む。

短時間で作れる
メイン料理！

シェフのひとこと　＞　隠し味にチョコレートを入れるとコクが出ておすすめです！

本格タイ料理をお手軽に！
簡単ガパオライス

20 min

#メスティン #ごはん #エスニック

材料(1人分)
鶏むね肉 … 100g
パプリカ … 1/4個
玉ねぎ … 1/4個
にんにく … 1片
サラダ油 … 適量
ナンプラー … 小さじ1
みりん … 小さじ1
卵 … 1個
ごはん … 200g
パクチー … 適量

作り方

1 鶏肉を1cm角に切り、パプリカ、玉ねぎ、にんにくをみじん切りにする。

2 メスティンに油を熱し、にんにくを入れて香りが立ってきたら玉ねぎ、鶏肉を炒める。

3 鶏肉に火が入ったら、パプリカを入れて玉ねぎがくたくたになるまで弱火で炒める。

4 ナンプラー、みりんを入れて軽く煮詰まるまで炒めたら一度とり出し、油を熱し目玉焼きを作る。

5 ごはんをメスティンに盛り、4と刻んだパクチーをのせる。

> 目玉焼きは多めの油で焼いて半熟に！

シェフのひとこと ナンプラーが苦手な人はたまり醤油やだし醤油で作っても◎。
和風テイストのガパオもおいしいですよ。

上からヨーグルトをかけて食べてもおいしい！

 70 min

バスマティライスで本格的に！
チキンビリヤニ

#鍋 #鶏肉
#エスニック

材料（2人分）
鶏もも肉
バスマティライス … 180g
パクチー … 5本
A
┌ ヨーグルト … 100g
│ にんにくチューブ … 大さじ1
│ しょうがチューブ … 大さじ1
│ 塩 … 小さじ1
└ カレー粉 … 小さじ4
水 … 1ℓ
フライドオニオン … 100g

作り方
1 バスマティライスは30分水（分量外）に浸し、ざるにあげておく（時間外）。
2 鶏肉は食べやすい大きさに切り、パクチーは細かく刻む。
3 密閉袋に鶏肉とAを入れてよく混ぜ、30分寝かせる。
4 水に塩小さじ2（分量外）を入れて、沸騰させたら、ときどき混ぜながら1を6分茹でる。
5 鍋に3とパクチー、水気を切った4、フライドオニオンの順にのせ、弱火で20分火にかける。
6 火を消して10分蒸らし、全体をよく混ぜる。

シェフのひとこと ＞ 余裕があったら鶏肉を寝かせている時間にフライドオニオンを手作りしてもいいですね。

パスタは早く茹であがる
タイプが便利

15 min

メスティンでつくる簡単ランチ

湯切り不要な絶品明太パスタ

#スピードメニュー
#メスティン #麺類

材料（1人分）
パスタ※ … 100g
水 … 220㎖
塩 … 少々
オリーブ油 … 少々
明太子 … 1腹（50g）
バター … 20g
生クリーム … 大さじ2
　（牛乳でも可）
大葉（千切り）… 1枚
刻みのり … 適量

作り方
1 メスティンに半分に折ったパスタを入れ、水を入れる。
2 1に塩とオリーブ油を入れ、軽く混ぜて全体になじませ、メスティンの蓋をしてポケットストーブにセットし、固形燃料に火をつける（噴きこぼれてくるのでトレーなどを敷いておく）。
3 明太子は包丁の裏を使って薄皮をとり除きシェラカップに入れる。常温に戻しておいたバターを入れたらざっくり混ぜ、生クリームを加え混ぜる。
4 メスティンを開け、少し芯の残る固さになったら3を加えて混ぜる（茹で汁が少し残っているのが理想的）。
5 大葉と刻みのりをのせる。

※写真は早茹で3分タイプを使用

シェフのひとこと ｜ キャンプに生クリームや牛乳をもっていけない場合は、
バターと明太子だけでも大丈夫です。

お米を炊かずに作れる
手間なしメニュー

20 min いつもとはひと味違う朝ごはんに
中華粥

#シェラカップ #鶏肉 #中華 #朝ごはん

材料（1人分）

無洗米 … 1/2合　　練り中華調味料
鶏もも肉 … 70g　　　 … 小さじ1/2
水 … 300mℓ　　　　小ねぎ、白ごま … 少々
しょうが … 1片　　　ごま油 … 適量

作り方

1 シェラカップにごま油としょうが半片（すりおろし）を入れて火にかけ、米を入れて油が全体になじむまで炒める。
2 水、鶏肉、しょうが半片（千切り）、練り中華調味料を入れて弱火にかけ、かき混ぜながら15分程煮る。水が少なくなってきたらその都度水を足す。
3 米が柔らかくなったら小ねぎと白ごまを散らす。

10 min コンビニ食材で作れる！
おにぎり茶漬け

#シェラカップ #コンビニ #簡単

材料（1人分）

焼きおにぎり（コンビニ） … 1個
白だし … 大さじ1
水 … 150mℓ
梅干し … 適量
白ごま … 適量
小ねぎ … 10g

作り方

1 白だしと水を沸かしてだしを作る。
2 シェラカップにおにぎりを入れ、梅干しをのせて**1**を注ぐ。
3 小ねぎ、白ごまを散らす。

具材入りおにぎりの表面を
焼いても楽しめます

60 min

缶詰で作るお手軽炊き込みごはん

焼き鳥缶の鶏五目ごはん

#メスティン #鶏肉
#缶詰 #ランチ

材料(2人分)
米 … 1合
焼き鳥缶(タレ)
　… 1缶(75g)
にんじん … 1/4本
ごぼう … 1/4本
しいたけ … 1個
めんつゆ(2倍) … 大さじ1
水 … 150mℓ
小ねぎ … 適量

作り方
1 米を研ぎ、水(分量外)で30分程浸水させる。
2 にんじんは皮をむいて細切りに、ごぼうは皮をこそげ落とすように洗いささがきに、しいたけは軸をとり薄切りにする。
3 水気を切った米と、焼き鳥缶(汁ごと)、にんじん、ごぼう、しいたけ、めんつゆ、水をメスティンに入れて軽く混ぜる。
4 蓋をして強火にかけ、沸騰して噴きこぼれてきたら弱火にして10分程炊く。
5 パチパチという音が聞こえてきたら火からおろし、蓋を押さえながらひっくり返して10分程蒸らす(タオルで包むとなおよい)。
6 ごはんと具材を混ぜ、小ねぎを散らす。

焼き鳥の缶詰を使うと
味つけもできて便利です

シェフのひとこと 〉 油揚げやたけのこなどを入れてもおいしいですよ。

水煮缶のときは、水125㎖、めんつゆ大さじ2で作ります

野沢菜と塩昆布の塩気と旨味が絶品！

60
min

サバ缶とめんつゆで味つけする
サバ缶炊き込みごはん

#メスティン) (#魚介) (#缶詰) (#ランチ

材料（2人分）

無洗米 … 1合　　　　しめじ … 20g
サバ缶 … 1缶　　　　めんつゆ … 大さじ1
（しょうゆ煮または味噌煮）　水 … 140㎖
　　　　　　　　　大葉（千切り）… 1枚

作り方

1 米を水（分量外）で30分浸水させる。
2 水気を切った米と、サバ缶（汁ごと）、割いたしめじ、めんつゆ、水をメスティンに入れて軽く混ぜる。
3 蓋をして強火にかけ、沸騰して噴きこぼれてきたら弱火にして10分程炊く。
4 パチパチという音が聞こえてきたら火からおろし、蓋を押さえながらひっくり返して10分程蒸らす。大葉をのせる。

60
min

野沢菜と塩昆布だけで調味料要らず
ツナ缶炊き込みごはん

#メスティン) (#魚介) (#簡単) (#缶詰

材料（2人分）

無洗米 … 1合　　　　野沢菜 … 30g
ツナ缶 … 1缶（70g）　塩昆布 … 10g
　　　　　　　　　　水 … 180㎖

作り方

1 米を水（分量外）で30分浸水させる。
2 水気を切った米と、ツナ缶（汁ごと）、5cm幅に切った野沢菜、塩昆布、水をメスティンに入れて軽く混ぜる。
3 蓋をして強火にかけ、沸騰して噴きこぼれてきたら弱火にして10分程炊く。
4 蓋を押さえながらひっくり返して10分蒸らし、ごはんと具材を混ぜる。

包丁がいらないから
キャンプでも手軽に作れる！

 60 min

コンビーフと温玉マヨがよく絡む

温玉マヨ炊き込みごはん

#メスティン #コンビーフ
#缶詰 #簡単

材料（2人分）

米 … 1合

A
コンビーフ … 1缶（100g）
コンソメ（顆粒）… 小さじ1
しょうゆ … 小さじ2
水 … 150mℓ

温泉卵 … 1個

小ねぎ … 適量

マヨネーズ … 適量

ブラックペッパー … 適量

作り方

1 米を研ぎ、水（分量外）で30分浸水させる。

2 水気を切った米と、Aをメスティンに入れて軽く混ぜる。

3 蓋をして強火にかけ、沸騰して噴きこぼれてきたら弱火にして10分程炊く。

4 蓋を押さえながらひっくり返して10分程蒸らす。ごはんと具材を混ぜ、温泉卵をのせ、マヨネーズ、小ねぎ、ブラックペッパーをかける。

シェフのひとこと ＞ コンビーフから旨味が出るので、少ない調味料でおいしい炊き込みごはんが作れます。

鮭も小ねぎもコンビニでも買えます。あとはお好きな具材で！

60 min

朝ごはんに食べたい！
鮭としめじの炊き込みごはん

（#メスティン）（#魚介）（#朝ごはん）

材料（2人分）

無洗米 … 1合　　しめじ … 20g
鮭の塩焼き　　　水 … 180mℓ
　… 1パック　　小ねぎ … 適量

作り方

1 米を分量外の水で30分浸水させる。
2 メスティンに水気を切った米と、鮭、軽く割いたしめじ、分量の水を入れる。
3 蓋をして強火にかけ、沸騰して噴きこぼれてきたら弱火にして10分程炊く。
4 パチパチと言う音が聞こえてきたら火からおろし、蓋を押さえながらひっくり返して10分蒸し、小ねぎを散らす。

60 min

栗と舞茸がごはんにマッチ！
甘栗の炊き込みごはん

（#メスティン）（#和風）

材料（2人分）

むき甘栗 … 35g　　無洗米 … 1合
舞茸 … 1/3株　　水 … 180mℓ
日本酒 … 30mℓ　　しょうゆ … 適量
　　　　　　　　　塩 … 適量

作り方

1 メスティンに米、水、日本酒を入れて30分浸水させる。
2 舞茸を小さく割いて入れ、半分に切ったむき甘栗を入れる。
3 塩をひとつまみと、しょうゆをひと回し入れ、メスティンの蓋を閉じる。
4 中火～強火にかけ、噴きこぼれたら弱火にして10分程炊く。メスティンを厚手のタオル等で巻き5～10分程蒸らす。

贅沢を楽しむお一人様キャンプ飯

ソロしゃぶ&ふわふわ卵雑炊

10 min

シェラカップ
牛肉　# 鍋

材料（1人分）
しゃぶしゃぶ用牛肉 … 300g
長ねぎ … 1本
水 … 500㎖
昆布 … 1枚（5cm角）
ポン酢 … 適量
小ねぎ … 適量
ごはん … 茶碗1杯分
卵 … 1個
塩 … 適量
しょうゆ（淡口）… 適量
粗挽きこしょう … 適宜

作り方
1 牛肉は常温に戻し、長ねぎは斜め薄切りに、小ね
　 ぎは小口切りにする。
2 シェラカップに水と昆布を入れ、30分以上置く。
3 2を火にかけて沸騰させたら長ねぎ、牛肉を入れ
　 る。さっと火を通してポン酢をつける。
4 〔雑炊を作る〕残っただしに塩、しょうゆで味つ
　 けし、ごはんを入れてひと煮立ちさせる。
5 グツグツしているところに溶いた卵を流し入れ、
　 火を止め、蓋をする。卵に火が通ったら小ねぎを
　 入れて、お好みで粗挽きこしょうをふる。

昆布を水に漬けるだけでも
しっかりとだしが出ます

シェフのひとこと 〉 昆布は火にかけたままにすると、苦味が出てきます。
お肉も入れづらいので早めにとり出しておきましょう。

> キャンプ場でごはんを炊く手間を省く
> ならパックごはんを使うと便利です

10 min

ピリッとした風味がポイント！
わさびスパムむすび

#フライパン　#缶詰　#簡単

材料（2人分）
スパム … 2切れ
ごはん … 200g
わさびふりかけ
… 大さじ4
のり … 大1枚を1cm幅
の棒状にカットしたもの
2枚
サラダ油 … 小さじ1

作り方
1 ボウルにごはんを入れてできるだけ広げ、全体にわさびふりかけをかけて混ぜる。
2 フライパンに油を熱し、スパムを両面焼く。
3 ラップを使って、1と2をお寿司のように握り形を整える。
4 のりを巻く。

5 min

チーズ×コンビーフにやみつき！
背徳の TKG

#フライパン　#缶詰　#簡単

材料（1人分）
パックごはん … 1個／卵 … 1個
オリーブ油 … 大さじ2
A ┌ 玉ねぎ（みじん切り） … 1/4個
　└ にんにくチューブ … 小さじ1
B ┌ コンソメ … 小さじ1
　└ 塩、こしょう … 適量
コンビーフ … 1/2個
ピザ用チーズ … 適量
小ねぎ … 適量

作り方
1 フライパンに油を熱し、Aを入れて中火で炒める。玉ねぎに火が通ったら、Bを入れて混ぜ、火からおろして冷ましておく。
2 ごはんを湯せんで温め、器に盛る。
3 2の上にほぐしたコンビーフとチーズをのせ、ガストーチで炙る。
4 3の上に1、卵、小ねぎをのせる。

食材の大きさを揃えて切ると
見栄えがよくなりますよ

 10 min

簡単！ ハワイ風漬け丼

シェラカップポキ丼

#シェラカップ #魚介
#ごはん #ハワイアン

材料（1人分）
マグロ（柵）… 50g
ごはん … 150g
アボカド … 1/2個
ミニトマト … 3個
玉ねぎ … 1/8個
卵黄 … 1個
小ねぎ … 適宜
┌ ごま油 … 小さじ1/2
│ みりん … 小さじ1
│ しょうゆ … 大さじ2
A にんにく（すりおろし）
│ … 小さじ1/4
└ 白ごま … 適量

作り方
1 マグロ、アボカドは一口大の大きさに、ミニトマトは半分に切る。玉ねぎは薄切りして水にさらし、水気を絞る。
2 ボウルに1とAを入れて混ぜ、3分程漬け込む。
3 シェラカップにごはんを盛り、2をのせる。
4 卵黄を中央にのせ、お好みで小ねぎ、白ごま（分量外）を散らす。

シェフのひとこと ＞ 食べるときは卵黄を崩して、全体を豪快に混ぜて食べてみてください!!

15 min

メキシコのストリートフード
ドリロコス

#中米 #簡単

材料(2人分)
- ドリトス(メキシカン・タコス味) … 1袋
- アボカド … 1個
- トマト … 1個
- 紫玉ねぎ … 1/2個
- ピザ用チーズ※ … 大さじ5
- サルサソース … 大さじ3
- ライム … 1/2個

作り方
1 アボカド、トマトはサイコロ状に、紫玉ねぎはみじん切りにする。
2 ドリトスの袋の中に、1とチーズ、サルサソースを入れて混ぜる。
3 全体が混ざったら、ライムを絞る。

※チーズは表示を確認し、「加熱用」の記載があるものは避けてください。

具材を刻んで混ぜる
だけで完成する!

シェフのひとこと パクチーやきゅうりなどお好みの材料を追加して、お気に入りの味を見つけてみて。

⏱ 60 min

メスティンで炊き込むだけ！
炊き込みビビンバ

#メスティン #牛肉
#韓国 #簡単

材料（2人分）
米 … 1合
牛肉 … 50g
豆もやし … 30g
にんじん（千切り）… 1/4個
キムチ … 40g
ニラ（5cm幅）… 10g
┌ 焼肉のたれ … 大さじ3
A コチュジャン … 小さじ1
└ ごま油 … 小さじ1
水 … 130㎖
卵黄 … 1個
小ねぎ … 適量
白ごま … 適量

作り方
1 米を研ぎ、水（分量外）で30分程浸水させる。
2 牛肉は一口大に切り、Aの調味料をもみ込む。
3 水気を切った米と、牛肉（もみ込んだ調味料ごと）、にんじん、ニラ、豆もやし、キムチ、水をメスティンに入れて軽く混ぜる。
4 蓋をして強火にかけ、沸騰して噴きこぼれてきたら弱火にして10分程炊く。
5 蓋を押さえながらひっくり返して10分程蒸らす。
6 蒸らし終わったら蓋を開け、ごはんと具材を混ぜる。卵黄、小ねぎ、白ごまをのせる。

よく混ぜて卵としっかり
絡めて食べましょう！

シェフのひとこと 〉 辛いのがお好みの方はコチュジャンを増やしてもおいしいですよ！

261

お好みのインスタント麺
（しょうゆ味）で試してみて！

 15 min

" サッポロ一番 " をやみつき油そばにアレンジ

インスタント麺 de 油そば

#フライパン　#麺類
#インスタント

材料（2人分）
インスタントラーメン（しょうゆ味）
　　…1袋
ごま油 … 大さじ1
チャーシュー … 1枚
のり … 1/4枚
卵黄 … 1個
白ごま … 適量
小ねぎ … 適量

作り方
1 鍋またはフライパンに湯を沸かし（分量外）、インスタントラーメンを規定の30秒短い時間で茹でてお湯を切る。
2 器にごま油、付属の粉末スープ、1を入れて混ぜる。
3 チャーシュー、のり、卵黄、白ごま、小ねぎをのせる。

シェフのひとこと　付属のスープを全部入れると味が濃いかもしれないので、味を見ながら入れる量を調節してください。

きのこやブロッコリーを
入れてもおいしい！

"サッポロ一番"を濃厚パスタにアレンジ

インスタント麺 de カルボナーラ

⏱ 15 min

#フライパン #インスタント
#ベーコン #麺類

材料（1人分）
インスタントラーメン（塩味）… 1袋
牛乳 … 200ml
水 … 50ml
卵黄 … 1個
粉チーズ … 大さじ1/2
ベーコン … 1〜2枚
温泉卵 … 1個
ブラックペッパー … 適量
パセリ … 適量

作り方
1 ベーコンは1cm幅に切り、炒める。
2 鍋またはフライパンに牛乳、水を入れて火にか
け、少しフツフツしてきたら麺を入れて規定の
30秒短い時間で茹で、火を止める。
3 少し粗熱がとれたら付属の粉末スープ半量、卵
黄、粉チーズを入れて混ぜ、炒めたベーコン、温
泉卵、ブラックペッパー、パセリをふる。

シェフのひとこと
熱々のうちに卵黄を入れると固まってしまうので、
粗熱をとってから入れるようにしましょう！

パクチーが苦手な方は
小ネギで代用してください

しびれと辛さががっつり効いた
「麻辣香油」を使うとより本格的！

10 min

エスニックの風味がクセになる
チリトマト辛ら〜めん

#鍋　#フライパン　#インスタント　#麺類

材料（1人分）
インスタントラーメン（辛口）… 1袋
無塩トマトジュース … 200㎖
水 … 350㎖
パクチー … ひとつかみ
ソーセージ … 2本

作り方
1 パクチーは食べやすい大きさに切る。ソーセージは焼く。
2 鍋にトマトジュースと水を入れて火にかけ、沸騰したら麺、かやく、スープを入れて4分30秒煮込む。
3 火からおろし、ソーセージとパクチーを盛りつける。

15 min

ラー油で簡単！
台湾ラーメン

#鍋　#フライパン　#インスタント　#麺類

材料（2人分）
マルちゃん正麺（醤油味）… 1袋
ラー油 … 小さじ2
豚ひき肉 … 100g
ニラ … 2〜3本
輪切り鷹の爪 … 適量

作り方
1 ニラは3cm長さに切っておく。
2 フライパンにラー油の半量を入れてひき肉を炒める。
3 マルちゃん正麺を表示通りに作る。途中でニラ、残りのラー油を入れる。
4 できあがったら2と鷹の爪をのせる。

5 min

魚介だし香るピリ辛チゲ
海鮮チゲラーメン

材料（1人分）
チキンラーメン … 1袋
海鮮チゲスープ … 1食分
卵 … 1個
小ねぎ … 適量
水 … 450㎖

作り方
1 水を沸かし、海鮮チゲスープを入れて軽く
　混ぜる。
2 チキンラーメンを入れて卵を落とし、蓋を
　して1分間茹でる。
3 小ねぎを散らす。

海鮮の旨味と合わさってチキン
ラーメンのコクがアップします

---

 10 min

ピリ辛のつけ汁が食欲をそそる
広島つけ麺風

材料（1人分）
インスタントラーメン
（辛口） … 1袋
キャベツ … 1/4個
きゅうり … 1/2本
白髪ねぎ … 5cm
焼豚（市販） … 3枚

味玉（市販） … 1個
ごま油 … 適量
A ┌ めんつゆ（2倍濃縮）
　│ 　… 50〜80㎖
　│ 水 … 100㎖
　└ 酢 … 20㎖
いりごま … 適量

作り方
1 キャベツは食べやすい大きさに手でちぎ
　り、きゅうりは千切りにする。
2 鍋で水（分量外）を沸かし、麺を規定の時間
　茹でる。茹で時間の1分前にキャベツを入れ
　て茹でたら流水でしめて水気を切る。
3 器に付属の粉を1/4程とごま油を入れ、A
　で溶いてつけ汁を作る。

激辛好きな方は、一味唐辛子や食べる
ラー油をつけ汁に加えてもおいしい！

5 お皿に麺を盛り、**1**と白髪ねぎ、焼豚、味
　玉を盛りつける。

くたくたで甘味の増した
長ネねぎはお酒にも合う!

野菜はズッキーニ、パプリカ
以外でもお好みのものでOK!

15 min

ごろっと切ったねぎがおいしい
長ねぎのアヒージョ

#スキレット #鶏肉 #おつまみ

材料(1人分)

鶏もも肉 … 100g
長ねぎ … 1本
にんにく(薄切り) … 1片

オリーブ油 … 適量
輪切り鷹の爪 … 少々
塩、こしょう … 適量

作り方

1 鶏肉は一口大に、長ねぎは3cm幅に切る。
2 スキレットに鶏肉、にんにく、オリーブ油、鷹の爪を入れて火にかける。
3 グツグツしてきたら混ぜながら1分加熱し、長ねぎを加えてさらに1分加熱する。
4 塩、こしょうで味を調える。

15 min

好きな野菜をたっぷり入れても◎
彩り野菜のアヒージョ

#スキレット #鶏肉 #おつまみ

材料(2人分)

鶏もも肉 … 1枚
ズッキーニ … 1/4本
パプリカ(赤・黄)
　… 各1/4個

オリーブ油 … 適量
にんにく … 2片
塩、こしょう … 適量
輪切り鷹の爪 … 少々

作り方

1 鶏肉は一口大に切り、塩、こしょうをふる。ズッキーニ、パプリカは一口大に、にんにくは薄切りしておく。
2 スキレットにオリーブ油、にんにく、鶏肉、鷹の爪を入れて弱火で熱する。
3 グツグツしてきたら野菜を入れて1分加熱する。
4 全体に塩、こしょうをする。

15 min

コリコリ食感がくせになるおつまみ
砂肝のアヒージョ

#スキレット #砂肝 #おつまみ

材料（2人分）
砂肝 … 4個　　　　オリーブ油 … 150mℓ
芽キャベツ … 4個　　輪切り鷹の爪
にんにく … 2片　　　　　… ひとつまみ
　　　　　　　　　塩、こしょう … 適量

作り方
1 砂肝は食べやすい大きさに切り、切り込みを入れる。にんにくは包丁で潰す。
2 芽キャベツは半分に切る。
3 スキレットにオリーブ油、1と鷹の爪を入れ、中火で加熱する。グツグツしてきたら全体を混ぜる。
4 砂肝に火が通ったら芽キャベツを入れて30秒加熱し、塩、こしょうで味を調える。

菜の花やスナップエンドウなど
お好みの春野菜で！

ぜひバゲットにつけて食べて！

15 min

包丁不要でお手軽！
ベーコンのアヒージョ

#スキレット #ベーコン #簡単

材料（2人分）
マッシュルーム缶　　オリーブ油 … 適量
　… 70g　　　　　にんにく（薄切り）
ベーコン（カット済み）　　　… 2片
　… 50g　　　　　塩、こしょう … 適量
　　　　　　　　　輪切り鷹の爪 … 少々

作り方
1 スキレットにオリーブ油、にんにく、鷹の爪を入れて弱火で熱する。
2 にんにくの香りが立ってきたらベーコンとマッシュルームを入れてさらに1分程加熱する。
3 全体に塩、こしょうをふる。

余ったシーフードでパエリアも！

15 min

残ったオイルはパスタにも

牡蠣のアヒージョ

#スキレット #魚介 #簡単

材料（2人分）
牡蠣（冷凍可）… 8個　　塩、こしょう … 適量
ブロッコリー … 1/4個　　輪切り鷹の爪
オリーブ油 … 適量　　　　… 少々
にんにく … 2片　　　　　バゲット … 2切れ

作り方
1 冷凍の牡蠣を使う場合は解凍しておく。ブロッコリーは一口大に切る。
2 スキレットにオリーブ油、薄切りしたにんにく、鷹の爪を入れて弱火で熱する。
3 香りが立ってきたら牡蠣とブロッコリーを加え、さらに1〜2分程加熱する。
4 牡蠣に火が入りぷりっとしてきたら全体に塩、こしょうをし、バゲットを添える。

---

15 min

冷凍食品で簡単に作れる

魚介のアヒージョ

#スキレット #魚介 #簡単

材料（2人分）
シーフードミックス　　にんにく … 2片
　… 150g　　　　　　塩、こしょう … 適量
ミニトマト … 6個　　　輪切り鷹の爪 … 少々
オリーブ油 … 適量　　　小ねぎ … 適量
　　　　　　　　　　　　バゲット … 2切れ

作り方
1 シーフードミックスを解凍し水気を切り、塩、こしょうをふっておく。
2 スキレットにオリーブ油、薄切りしたにんにく、鷹の爪を入れて弱火で熱する。
3 香りが立ってきたら1とミニトマトを加え、1〜2分程加熱する。
4 全体に塩、こしょうをし、小ねぎを散らし、バゲットを添える。

15
min

油揚げに納豆をた～っぷり入れて
納豆巾着爆弾

#フライパン #おつまみ
#シェラカップ #簡単

材料（1人分）
納豆 … 2パック
小ねぎ … ひとつかみ
めんつゆ（2倍）… 大さじ1
油揚げ … 2枚

作り方
1 シェラカップに納豆、付属のたれ、小ね
  ぎ、めんつゆを入れて混ぜる。
2 油揚げを半分に切り、中に**1**を入れ、巾着
  のように折りながら爪楊枝で口を閉じる。
3 フライパンを熱し、**2**を並べて軽く焦げ目
  がつくまで焼く。

10
min

食材の旨味がぎゅっと凝縮
桜エビのアヒージョ

#スキレット #魚介 #簡単

材料（1人分）
釜揚げしらす … 100g　　にんにく … 1片
桜エビ … 60g　　　　　　鷹の爪 … 1本
キャベツ … 1/4玉　　　　オリーブ油 … 適量

作り方
1 にんにくは粗みじんにする。
2 スキレットにオリーブ油、**1**のにんにく、
  鷹の爪を入れて弱火で熱する。
3 香りが立ってきたらちぎったキャベツ、し
  らす、桜エビを入れ、中火でさっと煮込
  む。

キムチなどを加えても
おいしいですよ！

バゲットをちょっと
炙っておくと相性抜群！

シズリングマッシュルーム

バターと白ワインで香り立つ！

10 min

スキレット

簡単

材料（2人分）

マッシュルーム … 2パック
にんにく（みじん切り）… 小さじ1
白ワイン … 30㎖
バター … 大さじ1
パルメザンチーズ … 大さじ2
塩、こしょう … 適量
パセリ（みじん切り）… 適量

作り方

1 スキレットにバターとにんにくを入れて火にかける。にんにくを焦がさないように注意する。
2 香りが立ってきたらマッシュルームを入れ、塩、こしょうで炒める。
3 全体がなじんだら白ワインを入れて煮詰める。
4 アルコールが飛んだらパルメザンチーズを全体にかけ、パセリをふる。

お好みでレモンや
ライムを搾っても！

シェフのひとこと ＞ パルメザンチーズの塩味があるため、塩、こしょうは控えめでOKです！

20 min

いろんな食感が楽しい！

タコと枝豆のアヒージョ

スキレット　# 魚介　# おつまみ

材料（2人分）
枝豆 … 2袋
（さやつきで800g程）
タコ … 80g
オリーブ油 … 100㎖
にんにく … 1～2片
輪切り鷹の爪 … 適量
塩 … 適量
ブラックペッパー
　… 適量

作り方
1 お湯に塩（分量外／水1ℓに対して塩大さじ1程）を入れ、2～3分を目安に枝豆を固めに茹でる。
2 流水で冷やしてさやから豆を外す。タコは食べやすい大きさに切っておく。
3 スキレットにオリーブ油を入れ、薄切りしたにんにくと鷹の爪を入れて香りが立つまで軽く弱火にかける。
4 枝豆とタコを入れ、さらに2～3分火にかける。火を止め、塩とブラックペッパーで味を調える。

> ビールがとまらない
> 最高のおつまみです！

シェフのひとこと　＞　冷凍の枝豆を使えば、さらに簡単に作ることができます。

ドンタコスを砕いて全体を
混ぜながら食べてください!

20 min

手軽過ぎるタコライス
簡単! ドンタコライス

#メスティン #簡単
#ごはん #スナック菓子

材料(1人分)
ごはん … 200g
ドンタコス … 適量
コンビーフ … 1/2缶
レタス … 1枚
トマト … 1/2個

作り方
1 ごはんをメスティンに盛る。
2 レタスは千切り、トマトは角切りにする。
3 コンビーフをほぐし、2と一緒にドンタコスをごはんにのせる。

シェフのひとこと 〉 ドンタコスじゃなくても、同じようなスパイシーなスナック菓子で代用可能です!

パンにのせたりホットドッグの具材にしたりとアレンジ無限！

15 min

お子さまも食べられる甘めのチリコンカン！

スウィートチリコンカン

#鍋 #簡単 #中米

材料（2人分）
合びき肉 … 100g
ミックスビーンズ … 110g
玉ねぎ … 1/4個
にんじん … 1/2本
にんにく … 1片
オリーブ油 … 大さじ1
トマト水煮缶 … 1缶（200g）
ケチャップ … 大さじ3
トルティーヤチップス … 20g
パセリ … 少々
塩 … 適量

作り方
1 玉ねぎ、にんじん、にんにくはみじん切りにする。
2 鍋にオリーブ油を熱し、1を中火で炒める。
3 ひき肉を加え水分が出なくなるまで炒めたら、トマト水煮缶、ケチャップ、ミックスビーンズを加えて弱火で3分程煮込み、塩で味を調える。
4 器に盛りつけ、パセリをふり、トルティーヤチップスを添える。

シェフのひとこと ＞ お好みでチリパウダー、カイエンペッパーなどのスパイスを加えてもおいしいです！

25 min

煮込み野菜の簡単おかず
カポナータ

#メスティン #簡単
#おかず

材料(2人分)
ナス … 2本
ズッキーニ … 1/2本
パプリカ … 1/4個
玉ねぎ … 1/2個
オリーブ油 … 適量
トマト水煮缶 … 1缶(200g)
コンソメ(固形) … 1個
砂糖 … 大さじ1

作り方
1 ナス、ズッキーニ、パプリカは大きめの乱切りに、
玉ねぎは太めのくし切りにする。
2 メスティンに油を熱し、**1**を炒める。
3 トマト水煮缶を加え、コンソメを入れて煮込む。
4 沸いてきたら砂糖を加え、蓋をして弱火で15分程
煮込む。

白ワインビネガーを入れると
本格的な味になりますよ!

シェフのひとこと ┤ 野菜を炒める前に隠し味でアンチョビを炒めて追加すると、
塩気と旨味が加わってコクが倍増します!

スモーキーで新感覚なポテサラ

30
min

ポテトサラダ 3.0

材料（2人分）
じゃがいも … 3個
玉ねぎ … 1/4個
ベーコン … 50g
チーズ … 適量
フライドオニオン … 適量
味つけ卵（市販）… 1個

作り方
1 じゃがいもをメスティンで茹で、皮をむく。
2 玉ねぎ、ベーコンは千切りにする。
3 メスティンに**1**、**2**、チーズと味つけ卵を入れてじゃがいもを潰しながら混ぜる。
4 フライドオニオンを散らす。

燻製の味つけ卵を使うと
スモーキーで大人な味わ
いに仕あがります！

シェフのひとこと ＞ 237ページの燻製卵を使って作ってみるのもアリです。

タイやサーモン、
マグロでも作れます！

超簡単なのにめちゃくちゃ
おいしいです。コスパがよ
いところもGOOD！

10 min

手軽にできるシャレた前菜
鮮魚のカルパッチョ

#魚介 #ヘルシー #簡単

材料（2人分）
鮮魚（刺身用）… 100g
A ┌ オリーブ油 … 1/2
  │ 塩、こしょう … 適量
  │ レモン汁 … 小さじ2
  └ ピンクペッパー … 少々
ベビーリーフ … 10g
ミニトマト … 2個
レモンスライス … 3枚

作り方
1 魚をできるだけ薄く切り、お皿に並べる。
2 Aをよく混ぜまんべんなくかける。
3 ベビーリーフ、小さく切ったミニトマト、
  レモンスライスを添える。

---

5 min

お酒が進む超簡単おつまみ
ちくわユッケ

#シェラカップ #おつまみ
#スピードメニュー

材料（2人分）
ちくわ … 4本   小ねぎ … ひとつかみ
焼肉のたれ   韓国のり … 1枚
  … 大さじ1   卵黄 … 1個
ごま油 … 大さじ1   白ごま … 少々

作り方
1 ちくわは5mmの輪切りにする。
2 シェラカップに1を入れ、焼肉のたれ、ご
  ま油を加えて混ぜる。
3 小ねぎ、ちぎった韓国のり、卵黄をのせて
  白ごまをかける。

塩とレモン汁でさっぱりいただく

15 min

ペルーの海鮮マリネ

魚介のセビーチェ

#ボウル #魚介
#中米 #簡単

材料（2人分）
タコ（ボイル）… 40g
ホタルイカ（ボイル）… 40g
むきエビ（ボイル）… 4尾
トマト … 1個
セロリ … 1/3本
にんにく … 1片
紫玉ねぎ … 1/6個
オリーブ油 … 適量
レモン汁 … 適量
塩 … 適量
パクチー … 適宜

作り方
1 タコは一口大に切り、ホタルイカは目玉、くちばし、背中の軟骨をとり除く。トマト、セロリは2cm角に切り、にんにくと紫玉ねぎはみじん切りにする。パクチーは茎をみじん切りに、葉はざく切りにする。
2 1とエビをボウルに入れ、オリーブ油、レモン汁、塩を加えて全体を混ぜる。
3 お皿に盛りつけ、お好みでパクチーをのせる。

シェフのひとこと ＞ パクチーが苦手な方はイタリアンパセリを使ってみてください！

30 min

ついつい食べ過ぎちゃう、 後を引くおいしさ

カリカリアンチョビベーコンポテト

#ベーコン #おつまみ #簡単

材料（2人分）

じゃがいも … 2個
水 … 適量
A オリーブ油 … 大さじ3
A にんにくチューブ … 小さじ1
A アンチョビ … 10g
ベーコン … 40g

作り方

1 じゃがいもはよく洗い、串や箸を刺してすっと通る柔らかさになるまで弱火で茹でる。皮つきのまま一口大に切ってお皿に盛る。

2 お湯を捨て水気をふきとった小鍋に、Aを入れて弱火にかける。アンチョビを潰すようにしながらソースを煮詰め、グツグツしてきたら細切りにしたベーコンを入れる。さらに弱火でじっくり火にかけ、ベーコンがカリカリになったら1にかける。

アンチョビの旨味と塩気がポテトに合う！

シェフのひとこと ベーコンはカリカリな程、ほくほくのじゃがいもとマッチしますよ。

くたくたのキャベツに味が染み込む

ミルフィーユキャベツ

材料（2人分）

合びき肉 … 100g

キャベツ … 1/4個

玉ねぎ … 1/4個

塩、こしょう … 適量

コンソメ（固形）… 1個

水 … 100mℓ

ミニトマト … 2個

作り方

1 キャベツは芯をとり、1枚ずつはがして洗う。

2 玉ねぎはみじん切りにして、ひき肉、塩、こしょうとよく練る。

3 メスティンにクッキングシートを敷き、キャベツ、2のひき肉を交互に敷き詰めていく。

4 水を入れ、隙間にコンソメを落とし、弱火で20分加熱する。器に盛ってミニトマトを添える。

キャベツと肉のボリューム感を均等に敷き詰める！

シェフのひとこと　〉　キャベツの芯の部分をとり除いておくと、メスティンにキレイに収まります。

切って和えるだけの
簡単サラダ！

 10 min

"オーシャンキング"を使えば贅沢サラダに！

カニカマのコールスロー

`# サラダ`　`# おつまみ`

材料（1人分）
カニカマ … 適量
にんじん … 1/4本
キャベツ … 1/4個
大根 … 1/4本
大葉 … 適量
マヨネーズ … 大さじ2
ごま油 … 小さじ1

作り方
1 カニカマはほぐす。にんじん、キャベツ、大根、大葉は千切りにする。
2 密閉袋に1を入れて、マヨネーズ、ごま油を加えてよくもみ込む。

シェフのひとこと ＞ カニカマをたっぷり入れると食べ応えがありますよ！

おつまみにも、ごはんにも合う一品
焼き鳥缶とアボカド和え

5 min

(#シェラカップ) (#おつまみ)
(#缶詰) (#スピードメニュー)

材料（2人分）
焼き鳥缶（タレ）… 2缶
アボカド … 1/2個
パクチー … 適量

作り方
1 アボカドは種をとり、サイコロ状に切る。パクチーはさっと洗い水気をとって、ざく切りにする。
2 シェラカップに焼き鳥缶、アボカド、パクチーを入れて和える。

お好みでタバスコを入れても◎

ハーブを変えたり、にんにくやブラックペッパーを入れても！

袋に入れて漬け込むだけ！
彩り野菜のピクルス

40 min

(#密閉袋) (#簡単) (#おつまみ)

材料（2人分）
酢 … 50mℓ　　　　パプリカ（赤）… 1/3個
白ワイン … 小さじ1　パプリカ（黄）… 1/3個
ローズマリー … 適量　きゅうり … 1本
みょうが … 3本

作り方
1 密閉袋に酢、白ワイン、ローズマリーを入れる。
2 みょうがは半分に、パプリカ、きゅうりはスティック状に切る。
3 2を1に入れてクーラーボックスの中で30分程漬ける。

10 min

海の恵みのお吸い物
潮汁風サバ缶汁

(#スープ) (#魚介)
(#缶詰)

材料（1人分）
サバ水煮缶 … 1缶
水 … 150㎖
塩 … 小さじ1
酒 … 大さじ1
しょうが … 1片
三つ葉 … 少々

作り方
1 小鍋にサバ缶、水、酒を入れて火にかける。
2 沸いてきたらアクをとり、塩で味を調える。
3 しょうがは千切りに、三つ葉を適当な大きさに切って盛りつける。

> 水煮缶の汁ごと使うと
> あら汁風に仕あがりますよ！

シェフのひとこと 〉 **イワシやサンマなど、別の缶詰でもお試しあれ！**

混ぜて豆腐にのせるだけ！

冷やし麻婆豆腐

(#シェラカップ) (#おつまみ) (#簡単)

材料（2人分）

絹ごし豆腐 … 300g	酢 … 大さじ1
┌ ザーサイ … 30g	しょうがチューブ
│ ピーナッツ … 30g　A	… 2cm
A 小ねぎ … 10g	食べるラー油
│ すりごま … 適量	… 大さじ2
└ しょうゆ … 大さじ1	パクチー … 適宜

作り方

1 ザーサイ、ピーナッツ、小ねぎは細かく刻み、Aの材料は混ぜる。
2 シェラカップや器に豆腐を盛る。
3 豆腐の上に1をのせ、お好みでパクチーをのせる。

食材の量は好きに調節してOK！
具材多めで作ってみてください

いろんなお酒に合う、
簡単おつまみレシピです

シャキシャキ歯ごたえが◎

れんこんのチーズ焼き

(#スキレット) (#おつまみ) (#簡単)

材料（1人分）

れんこん … 100g
オリーブ油 … 適量
ハーブソルト … 適量
粉チーズ … 適量
パセリ … 適宜

作り方

1 れんこんは薄く切って水にさらし、アク抜きをする。
2 スキレットにオリーブ油を熱し、れんこんを両面焼く。
3 ハーブソルトで味を調え、粉チーズ、お好みでパセリをふりかける。

冬場など乾燥している時期は春巻き
の皮がすぐ乾いてしまうので注意！

15 min

色とりどりの野菜がかわいい！

簡単！ 3色野菜春巻き

#フライパン #簡単

#おつまみ

材料（4人分）

春巻きの皮 … 1袋
アスパラ … 4本
コーン … 70g
バター … 10g
しょうゆ … 適量
ミニトマト … 8個
さけるタイプのチーズ … 1本
サラダ油 … 適量
塩 … 適宜

作り方

1 フライパンでコーンを炒め、バター、しょうゆを
加えて、皿にあげ冷ましておく。アスパラは根元
に近い部分の皮をピーラーでむく。ミニトマトは
半分に切る。

2 春巻きの皮を1枚広げアスパラは1本、バターコー
ンは全体の1/4量、ミニトマトは2個分と、さい
たチーズをのせて包む。皮の端は水をつけて閉じ
る。これを4本作る。

3 フライパンに**2**が1/3浸るくらいの油を入れて熱
し、**2**を入れて揚げ焼きにする。片面がきつね色
になったら裏返してもう片面も焼く。

4 お好みで塩をかける。

シェフのひとこと ＞ フライパン以外にホットサンドメーカー、スキレット、メスティンなどでも作れます。

ナッツ類や、ドライフルーツを入れて
カップケーキのように楽しんでみても！

50
min

メスティンで作る中華風蒸しパン

マーラーカオ

#メスティン #中華

#おやつ

材料（2人分）

卵 … 1個

サラダ油 … 小さじ1

しょうゆ … 小さじ1

ホットケーキミックス … 1袋(150g)

牛乳 … 100mℓ

作り方

1 すべての材料を合わせ、だまがなくなるまでよく
　混ぜる。

2 メスティンにクッキングシートを敷き、1を流し
　込んで弱火で40分焼く。

3 竹串を刺し、生地がつかなくなったら火を止め
　る。

シェフのひとこと ＞ シェラカップでも同様に作ることができますよ。

レシピ考案者紹介

A-suke

水道橋のアウトドアカフェ・バー『BASE CAMP』オーナー＆料理人。フライフィッシングやハンティング、キノコ狩りや山菜採りなど、アウトドアと食を結ぶ遊びを中心にさまざまなものに精通している。また元デザイナーという立場を活かし、アウトドアグッズの企画やデザインも生業としている。著書に『THE男前 燻製レシピ77 煙の魔法で自信満々のおいしさ！男前燻製料理の決定版』（山と渓谷社）がある。

→ P232、233、237上、239、242下、243下

伊豆のぬし釣り

静岡県東部の伊豆を中心に活動をする2人組キャンパー。平成元年生まれO型。YouTubeにて黙々とキャンプをする様子やグループキャンプをする様子を配信している。キャンプ好きがきっかけでオリジナルブランド「HILLS FIELD」を立ち上げてギア制作も楽しみながら行っている。

→ P102、108、251、269上、276下

うすい会

夫婦BBQユニット。小江戸バーベキュー協会主宰。埼玉・川越を拠点にBBQ料理を中心としたフード・イベントを主催。多くのメディアにも出演し、ソトごはんの魅力を伝えるべく活動中。著作『週末ごはんフェス』（DU BOOKS）

→ P113、157下、160上、206下、208下、218下

えなみいる

福井在住のソロキャンパー。一年を通してキャンプに繰り出し、一瞬一瞬の季節を楽しんでます。キャンプを始めて料理にも目覚めました。なるべく少ない食材や道具でいかに美味しいものを食べられるかを日々考えています。初心者ならではの発想で頑張ります。

→ P86上、87、120、203下

甲斐昂成

雑魚（ザコ）やマイナー魚、未利用魚と呼ばれて外されてしまう、本当はおいしいお魚のポテンシャルを紹介するお店「Kai's Kitchen ninomiya」を経営する傍ら、出張お魚料理人やお魚捌き方教室主宰として活動している。

→ P82、109、137、152、153、154、156、157上、161上、183、209、214

しらいしやすこ

企業広告や書籍、雑誌、CM、WEBなどの撮影から家庭的なレシピまで、料理・レシピ制作およびスタイリングを手がける。また、カフェのオーナーでもあり、新しいメニュー作りや、お店で扱う器の発掘、ワークショプの企画なども行う。趣味は山登りとパン作り。

→ P117

ソトレシピ編集部

キャンパー、調理師、ライター、編集者など各分野のプロフェッショナルを擁するソトレシピ編集部では、それぞれの強みを活かしたアウトドアスキル＆キャンプ料理の情報を発信中！ SNS向けのレシピ開発や、企業コラボとのレシピ開発に勤しんでいる。

→ P66、67下、68、69、70、71、73、74、75、76下、80上、85、106、107、110、121、129、130上、138上、139、155、165上、167、182、189下、200、202、208上、210、211、212、220、221下、252上、253、254、255、259、260、261、262、263、265下、266、267、268、273、276上、277、278、283、284

ソロキャンプ飯研究会

ソトレシピ編集部有志で設立した会派。コンビニ食材、袋麺、レトルト食材など、簡単で手軽なおひとりさまレシピを探究している。『メスティンレシピ』（山と渓谷社）、『いつでも！どこでも！ワンバーナーレシピ』（池田書店）などで執筆、レシピ提供も行う。

→ P64、77下、81下、86下、111下、132上、135、138下、181、185下、206上、218上、248、249、250、256上、269下、272、274、275、279、280、281下、282、285

DAI

Instagramで人気の福井県在住ファミリーキャンパー。子どものためにとはじめたキャンプに夫婦でドップリはまり一年中キャンプを楽しむように。北陸地域の食文化や食材を活かしながら、おしゃれで簡単でワクワクするようなソトレシピを実践中。

→ P72、79、88、P130下、131、132下、133、185上、186、201、264、265上

tamami

京都府在住の3kids mama。ファミキャン、母子キャン、ソロキャンなど1年を通してアクティブにソトアソビを楽しんでいる。キャンプをはじめて、普段の何気ないごはんもお外で食べると何倍もおいしい！家族みんなが実感。特に、非日常とおいしさを感じられるシンプルな焚き火料理が大好き。

→ P83

千秋広太郎

キャンプ飯レシピサイト「ソトレシピ」を運営する他、イベントやテレビ出演、YouTubeチャンネル「ソトレシピTV」など多岐にわたって活動。著書『本当においしいメスティンレシピ』（メディアソフト）、ソトレシピ監修『フライパンひとつで絶品！キャンプごはん』（学研プラス）など。

→ P76上、77上、78、104、111上、112、119、127、128、160下、178、179、180、231上、231下、252下

長尾みなみ

日本・海外でのイタリアン、地中海料理、スパニッシュ、オーストラリアン、和食、バル、居酒屋、焼肉、カフェ、キャンプ飯など幅広い飲食経験を活かして、料理家としてWEB、書籍など各種メディアで活動中。

→ P67上、72、79、219上、281上

長谷川裕

東京都板橋区出身。和食、中華・イタリアンのシェフを経て2012年、新規開業するハワイアンレストランの母体企業に入社しハワイの本店にて修行を行う。帰国後は店舗拡大に伴い総料理長となり、2020年、同レストランを退社し現在は趣味であるキャンプにのめり込みながら次のステージへ向けて準備中。

→ P62、81上、84、90、118、162、258上、259、270

藤木徳彦

1998年、蓼科高原にオーベルジュ・エスポワールをオープン。庭には薪でパンを焼く石窯、自家製の生ベーコン、生ハムのほか、信州の食材を燻製するスモークハウスも完備している！子どもの頃、ボーイスカウトで体験した屋外での調理の醍醐味やおいしさをソトレシピとして紹介中！

→ P115、121、150

Pear

寒川せつこ・奏の、食に貪欲な母娘のユニット。思春期や反抗期など、親子ならではの山を乗り越えた2人の息はぴったり。2人の料理の幅が北欧文化と交わり、さらに広がっている。レシピ提供「メスティンレシピ」（山と渓谷社）「趣味どきっ！たのしく防災！はじめてのキャンプ！」（NHK出版）

→ P80下、114、116、136、158、159、164、230、236

ベランダ飯

SNSにて、ベランダで作るアウトドア料理、通称"ベランダ飯"を365日毎日投稿し続けているキャンプ飯研究家。コンビニなど身近にある食材で、ホットサンドクッカーやメスティンを活用して手軽に作ることができる"ベランダ飯"が話題を呼び、人気を集める。

→ P89、203上、204、205、218、215上、216、217、256、257、271

YUKI

転勤族で現在千葉県在住。3人の子供を連れてファミリーキャンプを楽しんでいます。キャンプではダッチオーブンでいろいろアレンジした「ダッチパン」を焼きみんなをびっくりさせるのが楽しみ！そして食べた時の笑顔がたまらなく好き！そんな焼きたてソトレシピを実践中！

→ P122、124、125、134、207、215下、221上

吉川愛歩

ライター・フードコーディネーター。出版社に勤務したのち、ライターとして独立。編集と執筆の仕事をしながら茶懐石を学び、食の道へ。広告や書籍等でレシピ考案や調理を担当する。子育てがきっかけでキャンプをはじめ、アウトドア料理のレシピも手がける。8歳と15歳の母。

→ P16、18、20、22、24、26、28、30、32、34、65、91、100、126、146、148、149、151、161下、165下、166、168、169、176、184、187、188、189上、190、191、192、193、219下、228、234、235、237下、238、240、241、242上、243上

編者：ソトレシピ

「HAVE A DELICIOUS CAMP!」をテーマに、アウトドアを愛するすべての方に、大自然の中で料理を楽しむきっかけを創りたいという想いで、2017年11月に立ち上げた「キャンプ飯専門のレシピサイト」。オリジナルのキャンプ道具を販売する「SOTORECIPE PRODUCTS」や、会員制キャンプWEBサービス「ソトレシピFRIENDS」も展開中。監修書に『いつでも！どこでも！ワンバーナーレシピ』（池田書店）、『フライパンひとつで絶品！キャンプごはん』（学研プラス）など。
https://sotorecipe.com/

STAFF

撮影	原田真理、平澤清司
写真提供	スタジオダンク
イラスト	東海林巨樹
デザイン	牧 良憲
DTP	丸橋一岳
	（デザインオフィス・レドンド）
校正、執筆協力	吉川愛歩
編集協力	フィグインク

本書の内容に関するお問い合わせは、**書名、発行年月日、該当ページを明記の上**、書面、FAX、お問い合わせフォームにて、当社編集部宛にお送りください。**電話によるお問い合わせはお受けしておりません。**また、本書の範囲を超えるご質問等にもお答えできませんので、あらかじめご了承ください。
　FAX：03-3831-0902
　お問い合わせフォーム：https://www.shin-sei.co.jp/np/contact.html

落丁・乱丁のあった場合は、送料当社負担でお取替えいたします。当社営業部宛にお送りください。
本書の複写、複製を希望される場合は、そのつど事前に、出版者著作権管理機構（電話：03-5244-5088、FAX：03-5244-5089、e-mail：info@jcopy.or.jp）の許諾を得てください。
JCOPY ＜出版者著作権管理機構 委託出版物＞

決定版 キャンプレシピ大全

2023年 7 月15日	初版発行
2024年11月 5 日	第4刷発行

編 者	ソ ト レ シ ピ
発行者	富 永 靖 弘
印刷所	株式会社新藤慶昌堂

発行所 東京都台東区 株式 新星出版社
台東2丁目24 会社
〒110-0016 ☎03(3831)0743

ISBN978-4-405-08229-8